서울에서 가장 거룩한 곳

서울에서 가장 거룩한 곳

초판 1쇄 인쇄 2007. 12. 10.
초판 1쇄 발행 2007. 12. 15.

지은이   김 문 환
펴낸이   김 경 희
펴낸곳   (주)지식산업사
        서울시 종로구 통의동 35-18
        전화 (02)734-1978(대) 팩스 (02)720-7900
        한글문패 지식산업사
        영문문패 www.jisik.co.kr
        전자우편 jsp@jisik.co.kr
        등록번호 1-363
        등록날짜 1969. 5. 8

© 김문환, 2007
ISBN 978-89-423-6033-8   03210

책값은 뒤표지에 있습니다.

이 책을 읽고 저자에게 문의하고자 하는 이는
지식산업사 전자우편으로 연락 바랍니다.

서울에서 가장 거룩한 곳

김 문 환

지식산업사

서 문

    이 책은 파라다이스재단에서 발행하는 사보에 연재했던 글들을 모은 것이다. 때로는 '느낌이 있는 공간'이라는 주제를 달기도 했지만, 나로서는 '서울의 지성소(至聖所)'라는 제목을 늘 염두에 두고 있었다. 그러나 책 제목으로는 어느 정도 낯선 느낌을 줄 수도 있을 것 같아 지금처럼 '서울에서 가장 거룩한 곳'이라고 풀어쓰기로 한다.

    책의 취지는 간단하다면 간단하다. 세속화의 첨단을 걷고 있는 거대도시 서울에서 우리의 현존 전체를 더욱 깊은, 또는 더욱 높은 차원과 만나게 함으로써, 좀더 까다롭게 말한다면, 우리 모두가 "일상과 축제의 변증법"을 실감할 수 있는 공간을 찾아봄으로써 삶을 더욱 내실 있게 만들자는 것이다. 곧, 종교와 예술의 만남을 체험함으로써 일상의 지극함을 누리자는 것이다.

역사에서 볼 때, 여러 종교는 결코 예술과 만나기를 낯설어하지 않아 왔다. 그러나 많은 경우 그것이 단지 포교나 호교(護敎)의 수단에 지나지 않았던 것 또한 숨김없는 사실이다. 그러나 이제 오히려 예술을 통해 종교 자체가 거듭나야 할 때가 아닌지 생각해 볼 단계에 이르렀다. 그와 같은 경지를 추구하기 위한 하나의 방편으로 이 책이 엮어졌다고 해도 지나친 말은 아니다. 책 끝부분에 좀더 발전된 생각을 위한 실마리로서 건축가의 꿈을 꾸기도 했던 현대의 대표적인 문화신학자 폴 틸리히의 사고를 정리한 글을 하나의 부록으로 덧붙이는 뜻도 여기에 있다.

아직도 찾아 가 마음을 가다듬을 만한 지성소(至聖所)들이 서울 안은 물론, 강화도의 성공회 강화읍 교회나 온수리 교회 같이 서울 근교에도 흩어져 있다. 그러나 백과사전을 만들자는 것이 이 책의 취지가 아닌 만큼, 여기에 실어놓은 사례만으로도 독자들로 하여금 이 방면에 흥미를 불러일으키기에 충분하리라고 생각한다.

서울 안에 있는 종교적 명소 전체를 탐방하고자 한 것이 아니라, 그 가운데서도 건축 미학적으로 특징적이면서 현대 생활을 위해 특별한 의의가 있는 것들이 있고, 나와 개인적인 인연도 있어 다른 사람들에게 그 사연을 들려주고 싶은 심정이 집필 동기였음을 숨기고 싶지 않다.

따라서 문체도 길상사 이야기의 초고에는 편지글 형식을 취하려 했으나 유난스러운 것 같아 그것마저 서술체로 바꾸었다. 그러나 독자 한분 한분이 자신에게 보낸 편지거니 하고 읽어주었으면 하는 뜻이 받아들여졌으면 좋겠다.

2007년 11월

강화도 장화리 연여재(然如齋)에서

김 문 환

차 례

1부 동양

三角山吉祥寺
삼천배
철야정진

1 길상사 이야기

대통령선거가 있어서 어수선하기만 하고, 체감경기가 너무나도 썰렁하여 성탄절 분위기가 좀체 느껴지지 않던 어느 날 "아기 예수님의 탄생을 축하합니다"라는 플래카드를 보고 놀라움을 금치 못했다. "뭐 그런 일로" 하겠지만 그 플래카드가 걸린 곳이 길상사(吉祥寺)였다면 독자들도 이해할 것 같다.

길상사는 법정(法頂) 스님이 회주(會主)로 계셨던 절이다. 2004년 12월 15일, 그곳에서 개창 5주년 기념법회가 있다 하여 갔다가 일주문 밖에 걸린 그 플래카드를 본 것이다. 손자세대까지 하면 6대째 기독교 가정의 가장으로서, 일요일에 교회예배도 뒤로 한

길상사 극락전 모습.

채 절을 찾은 것이 마음에 조금 부담은 되었지만, 왠지 이곳만은
마음에 부담이 덜했다.

　이곳 절터는 원래 서울에서도 부촌으로 알려진 성북동에 자리
잡은 '대원각' 이라는 요정이 있던 곳이다. 아니, 요정이 그대로
절이 되었다고 해야 옳다. 절에 들어서면 '길상헌' 이라는 건물
옆 조금 후미진 곳에 아담한 조형물이 하나 서 있는데, 그것이 바
로 이 대원각 주인으로서 7천 평에 이르는 드넓은 땅과 숲 속의
40동 건물을 모두 헌납한 길상화(吉祥華) 김영한(金英韓) 할머니
를 기념하는 조각비석이다.

1987년 당시 미국에 머물던 김영한 할머니가 법정 스님의 '무소유' 설법을 로스엔젤레스(LA)고려사에서 듣고, 그 자리에서 '대원각 건물과 대지, 그리고 임야를 모두 법정 스님께 조건 없이 시주할 터이니 절로 만들어 달라고 간청했다'는 사연을 윤청광 님이 글로 남겨 놓았기에 감명 깊게 읽어 본 적이 있다. 더군다나 그 시주를 받지 않겠다는 스님과 할머니 사이에 10년 동안이나 끈질기게 승강이가 이어지다가, 마침내 1996년 5월 20일에 대한불교조계종 송광사의 공유재산으로 결정되었다는 대목에 이르면, 누구나 절로 머리가 숙여질 것이다.

그 다음 해 12월 14일, '길상사'라고 이름 지은 절의 개원식에서 법정 스님은 김영한 할머니에게 '길상화'라는 법명과 함께 백팔(108)염주 한 벌을 손수 목에 걸어주었다고 한다. 소녀처럼 기뻐하던 할머니는 1999년 11월 13일 오후에 길상사 안뜰을 마지막으로 거닐면서, '나 죽으면 화장해서 눈이 많이 내리는 날 길상사에 뿌려주세요'라는 유언을 남기고, 다음날 백팔염주를 목에 건 채 88세의 나이로 세상을 하직하셨단다.

한 달 뒤인 12월 14일 오전, 눈이 많이 내리자 스님들의 독경(讀經) 속에 염주와 함께 시신을 화장하고 남은 재가 경내에 뿌려졌다고 한다. 1미터도 되지 않는 자그마한 육면체 돌 위에, 알 같기도 하고, 주판알 같기도 한 둥그스름한 돌을 올려놓은 이 조각 비석은 길상사 신도인 조각가 배삼식 씨가 아무런 대가 없이 만

길상화 보살의 조각비.

든 것이다. 할머니가 돌아가신 지 2년 뒤인 2001년 11월 21일에 비석 제막식을 가졌다는데, 그날도 눈이 왔는지는 모르겠다. '눈이 많이 온 날'이 아니라, '첫눈이 오는 날'로 기록된 기사도 있지만, 어쨌든 다분히 문학적인 분위기가 배어 있다.

사실 이 할머니는, 한때 월북시인으로 지목되어 작품들이 사장될 뻔했던 시인 백석(白石, 1912~1963?)의 애인이었다는 이야기로 말미암아 장안의 화제가 된 적도 있다. 《시와 사회》 편집부가 엮은 백석시집 《나와 나타샤와 흰 당나귀》에 실린 연표에는, 해방 되던 해인 1945년에 백석은 고당 조만식 선생의 통역비서로 일하면서 평양에 머물렀고, 1951년에는 전쟁을 피해 옌벤(延邊)에 체류했다고 하니, 원래 평북 출신이자 오산학교 출신인 그는 단지 고향에 머문 것이지 월북시인이라고는 할 수 없다는 견해가 옳다. 다만 그가 쓴 동화시집 《집게네 네형제》(1957년간)가 읽기 나름으로 사회주의의 성격을 띤다고 할 수도 있겠으나, 사회당의 이름으로 대통령 후보가 선거 운동을 하는 오늘의 현실로 볼 때, 그것이 무슨 문제가 되겠는가?

14

백석에 대해서는 나 자신도 아직 두 권의 시집을 읽어본 것이 고작이므로 남에게 들려줄 이야깃거리가 그리 넉넉하지 못하다. 다만 그의 초기 시 가운데 시집 《사슴》(1936년간)에 실렸다는 〈여승(女僧)〉이라는 시가 어쩌면 길상화 할머니가 마음에 품고 있었을 구원의 자화상이었을지도 모른다는 생각이 들기도 해서, 잠시 쉬어갈 겸 그 시를 적어 본다.

> 여승은 합장하고 절을 했다
>
> 가지취의 내음새가 났다
>
> 쓸쓸한 낯이 옛날같이 늙었다
>
> 나는 불경처럼 서러워졌다.
>
> 평안도의 어느 산 깊은 금덤판
>
> 나는 파리한 여인에게서 옥수수를 샀다
>
> 여인은 나어린 딸아이를 따리며 가을
>
> 밤같이 차게 울었다
>
> 섶벌 같이 나아간 지아비 기다려 10년이 갔다
>
> 지아비는 돌아오지 않고
>
> 어린 딸은 도라지꽃이 좋아 돌무덤으로 갔다
>
> 산 꿩도 섧게 울은 슬픈 날이 있었다

산 절의 마당귀에 여인의 머리오리가

눈물방울과 같이 떨어진 날이 있었다

'가지취'는 참취나물, '금덤판'은 금을 캐거나 파는 산골의 장소 또는 그곳에서 간이 식료품 등 잡화를 파는 곳, '섶벌'은 울타리 옆에 놓아 치는 벌통에서 꿀을 따 모으려고 바삐 드나드는 재래종 꿀벌이라는 풀이 덕분에 뜻이 좀 더 잘 파악될 정도로, 그의 시어(詩語)에는 고향이 배어있다. 그러나 실상 뜻을 몰라도 아스란히 정감이 묻어난다. 어쩌면 길상화 할머니도 비록 '주지육림의 바다, 밀실정치의 총본산'이라는 별호를 지녔던 대원각이라는 요정 주인이면서도, 이 여승처럼 섶벌 같이 나아간 연인을 기다리며 한평생을 살아갔을지 모른다. 그러다 그 연인에 대한 상념이 종교적 신앙으로 승화한 것이 아닐까?

지금의 주지스님(덕조)께도 묻지 않았으나, 할머니의 법명이 길상화가 된 것도 괜스레 우연 같지가 않다. 백석이 일본 도쿄의 아오야마(靑山)학원에서 세례를 받고 선교사들과 많은 교류를 가지면서 영문학을 공부하던 시절(1933년), 그의 주소가 길상사 1875번지였다니 말이다.

한번 만난 적도 없는 길상화 할머니에 대한 이야기가 너무 길어졌다. 이는 어쩌면 길상사 뜰 한귀퉁이에 모셔져 있는 관세음보살상에게서 받은 강렬한 인상 때문인지도 모른다.

길상사 입구 일주문을 지나 본전으로 오르다 보면 만날 수 있는 서울대 최종태 교수가 제작한 관세음보살상.
백제의 불상을 현대적 조형감각으로 표현했다는 정평을 받고 있다.

2000년 4월 28일, 길상사는 500여 명의 신도들이 참석한 가운데 이 석상의 봉안식을 가졌다고 하는데, 그 조각가가 독실한 천주교인인 서울대 최종태 교수였던 것이 화제가 되었다.

180센티미터 높이의 이 관세음보살상은 백제의 불상을 현대적 조형감각으로 표현했다는 평을 받고 있다. 이미 서울 샬트르 성바오로 수녀회 성모상 등 한국의 느낌이 살아있는 성모상을 제작한 최교수는, 평소 백제 반가사유상과 경주 석굴암 본존불 및 11면관음상 등 한국 불상의 빼어난 조형미를 높이 평가해 왔다고 어느 글에서 읽은 바 있다. 그래서 1958년에 가톨릭에 입교, 영세를 받은 뒤에도 "나의 신앙적 본향은 가톨릭이지만, 예술적 원천은 불교였다"고 말해 왔으며, 법정 스님이 최교수를 만나 그의 작업세계를 알게 되자, 서슴지 않고 불상제작을 의뢰했다 한다. 최교수는 "좋은 시절과 인연을 만나 일생의 오랜 소원을 이루게 해준 스님께 감사를 드려야 한다"며, 재료비 말고는 어떤 사례도 사양했다니, 참으로 아름다운 일, 그 자체다.

동아일보의 오명철 문화부장이 "동갑내기 스님과 (천주교인) 조각가의 인연 못지않게 감동적인 것은, 김수환 추기경과 장익 주교가 최교수의 불상 제작을 흔쾌히 격려해 준 일"이라고 당시에 기사를 썼다. 곧 최교수는 김추기경께서 일본에 천주교가 전파된 초기에 성모상을 구하지 못한 천주교인들이 관세음보살상 한귀퉁이에 작은 십자가 등을 표시해 놓고, 감시의 눈을 피해 예배를 드렸던 일화를 소개하며 격려해 주셨다는 이야기를 전했다는 것이다.

내가 가족과 함께 1년 동안 일본에 머물던 1991, 1992년 가나자와(金澤)를 여행했을 때 바로 그와 같은 조각상을 본 적도 있고 보니, 참으로 마음이 넉넉해진다. 김수환 추기경께서는 이미 이 절 개원식에 참석하여 축하해 주었다고 한다. 이 불상을 바라보면서 나는 법정 스님이 내게 보내주신 편지의 한 구절을 떠올렸다.

어젯밤에는 우리 방 성모님께 향과 촛불과 차를 공양하면서 조촐하게 성찬 전야를 축하드렸습니다. 아기 예수의 탄생을 기릴 줄 알면서도 그 어머니인 마리아의 고통과 슬픔을 잊고 있는 것 같아 나로서는 늘 서운한 생각입니다.

1978년 12월 25일이니까, 내가 독일에서 유학생활을 시작한 지 세 번째 맞은 성탄절이었다. 법정 스님의 고희를 기릴 겸 묶은 내 시문집 《눈이 맑은 아이》에 그 사연이 적혀 있다. 1975년 7월 봉은사 불일암으로 법정 스님을 불쑥 찾아뵙고 하룻밤을 그 방에서 머물었을 때에도, 문갑 위에는 자그마한 성모상이 하얗게 빛나고 있었는데, 그 성모님을 송광사 불일암으로 모셔 온 게 틀림없다. 스님의 상좌(上佐)였다는 덕조 스님 말씀으로는, 지금 머물고 계신 강원도 오두막집에도 그 성모상이 모셔져 있다니, 길상사 마당에 성모님을 닮은 관세음보살상이 모셔져 있는 것은 너무나 당연한 일이 아닐까? 봉안식 날 법정 스님께서는 법어로 이렇게 말씀하셨다고 한다.

"관세음보살과 성모 마리아는 문화적인 표현 차이가 있을 뿐 온 세상의 고통을 덜어주는 대지의 여신입니다. 우리 모두 자비와 사랑으로 관세음보살의 화신이 되어 중생의 고통을 덜어줍시다."

그러니 길상사가 '맑고 향기롭게 근본도량' 이라는 색다른 수식어를 달고 있는 것은 하나도 이상할 게 없다. 그러나 이 말은 단순한 수식어가 아니다. 그것은 이 절이 개원되기 4년 전에 시작된 '맑고 향기롭게 살아가기 운동' 과 밀접하게 연관되기 때문이다.

평소에 번거로운 일을 될수록 피해 오시던 법정 스님이, "중이 밥값은 하고 가야겠기에, 이 일 한가지만은 꼭 하고 싶다"고 하시면서 그를 가까이 따르던 후학(後學)들에게 하나의 화두처럼 내놓으신 이 운동이 구체화한 것은 1994년 3월 26일, 서울 양재동 구룡사에서 첫 출발 실천 큰 모임을 가지고 한 송이의 연꽃 밑에 '맑고 향기롭게' 라는 여섯 글자를 써넣은 스티커를 나누기 시작

길상사 본전 뒤켠 옛날 요정으로 쓰던 건물들을 지금은 스님들의 주거하는 암자로 사용하고 있다.

하면서부터였다고 한다. 불교신자뿐 아니라, 종교를 초월한 회원들이 부산, 대구, 마산, 창원, 전주, 광주, 대전, 춘천, 제주까지 번져나가자, 여전히 시주를 받아달라고 간청하는 김영한 할머니의 뜻을 받아들여 근본 도량으로서 길상사의 문을 열게 되었다는 것이다.

시가로 따져 1천억이 넘는다는 부동산임에도 현금이 있을 턱이 없는 길상사로서는 밀린 전기요금까지 합해 자그마치 5억 2,200만 원의 은행 빚을 지고, 40동 가운데 30동만 남겨 문을 열었다니 가난한 절임에 틀림없다. 게다가 50억 짜리 소송에 걸려들었다.

김 할머니가 1997년에 우리나라의 과학기술 발전에 써 달라며 나머지 재산 200억 원을 한국과학기술연구원(KAIST)에 기증하자 카이스트 측은 할머니가 돌아가신 뒤 서초구 법원 근처 남촌빌딩(공시지가 70억원)과 김 할머니가 살던 8억 원대 용산구 80평 빌라를 명의이전했다. 대원각을 조계종에 무상증여한 지 1년여가 지난 1997년 7월, 카이스트 측은 50억원을 과학기술인재장학기금으로 사용토록 하면서 이 돈을 재산관리인 등 공동명의의 은행 계좌에 입금했다는 김 할머니의 유언을 공증했는데, 문제는 그 50억원의 재원이 '조계종에 기부한 대원각 땅 3필지에 대한 채권' 으로 명시되어 있다는 데서 발생했다. 카이스트 측은 조계종

개원 5주년 기념식에서 법정스님이 신도들과 담소하고 있다.

측이 50억원을 줘야 한다고 소송을 제기했던 것이다. 국외자로서 알 바 아니지만, '무소유'를 주장해 온 법정 스님으로서는 참으로 난감한 일이었을 것이다.

2004년 12월 14일은 토요일이어서 개창 5주년 기념행사를 그 다음날인 15일에 거행했는데, 참으로 속 시원한 소식을 듣게 되었다. 은행 빚 5억 2,200만 원을 다 갚았고, 소송도 2001년 12월 18일자로 고등법원에서 승소했는데, 카이스트 쪽도 이를 받아들여 문제가 해결되었다는 것이다. 그런데도 법정 스님의 법문은 추상같더라. "은행부채 청산했다고 빚이 없다는 게냐? 스스로 빚지고 사는 인생인가, 빚 갚고 사는 인생인가 잘 살펴보라. 누구를 막론하고 참으로 시은(施恩)의 무게가 막중한 것을 깨달아야 한다. 국가 차원에서 가구당 3천만 원의 빚을 지고도 떵떵거리며 살다니 부끄러운 줄 알아라. 재벌이냐 빚벌이지" 그러시면서 중국 당(唐)나라 말기 남전 스님의 일화를 들어 가르침을 주시었다.

그는 속성이 왕씨였기에 스스로를 왕노사로 부르면서 제자들에게 "100년 뒤 부디 왕노사 머리에 똥칠하지 말라"고 당부했다고 한다. 그러면서 내가 죽은 뒤에 어디 가겠느냐고 물으시니, 제자들이 엉겁결에 "모든 것이 텅 비어있는 곳으로 가실 것이다"고 답하자, 스님은 "벌써 내 머리에 똥칠하는구나"하고 탄식하셨단다. 그러면서 나는 죽어 "산 밑 신도 집에 한 마리 소가 될 것이다"고 하자, 제자가 그 뒤를 따르겠다 하니, "풀 한 다발 가지고 오너라" 하셨단다. 소는 평생 뼈 빠지게 일하다가 죽은 뒤에도 뭐하나 남기는 것 없이 다 주고 가기에, 남으로부터 은혜를 입는다는 것이 얼마나 막중한 일인지를 뼈아프게 일러주시는 말씀이 아닐 수 없다. 그러기에 나로서는 개원식에서, 법정 스님께서 하셨다는 말씀을 떠올리지 않을 수 없었다.

저는 길상사가 가난한 절이 되었으면 좋겠다고 생각합니다.···
절은 더 말할 것도 없이 안으로 수행하고 밖으로 교화하는 청정한 도량입니다. 진정한 수행과 교화는 호사스러움과 흥청거림에서는 결코 이루어질 수 없습니다. 어떤 종교단체를 막론하고 시대와 후세에 모범이 된 신앙인들은 하나 같이 가난과 어려움 속에서 신앙의 꽃을 피우고 열매를 맺었습니다. 주어진 가난은 우리가 이겨내야 할 과제이지만, 선택된 맑은 가난, 즉 청빈은 삶의 미덕입니다. 풍요 속에서는 사람이 병들기 쉽지만 맑은 가난은 우리에게 마음의 평화를 이루게 하고 올바른 정신을 지니게 합니다. 오늘과 같은 경제난국은 물질적인 풍요에만 눈멀었던 우리에게 분수를 헤아리게 하고 맑은 가난의 의미를 되돌아보게 하는 계기이기도 합니다.

이 길상사는 가난한 절이면서도 맑고 향기로운 도량이 되었으면 합니다. 불자들만이 아니라 누구나 부담 없이 드나들면서 마음의 평안과 삶의 지혜를 나눌 수 있었으면 합니다.

대통령 선거를 닷새 앞둔 시점인지라 법정 스님의 설법도 바른 정치에 대해서 불경의 여러 구절을 인용하면서 다른 날보다 좀 길게 이어졌다. 마지막 부분이 인상적이었기에 이를 잠시 인용해 보도록 한다.

"부처님께서 죽이지 말고, 해치지 말고, 이기지도 이기게 하지도 말고, 슬프지도 슬프게 하지도 말고, 오로지 바른 법을 가르치고 정의롭게 다스리는 것이 바른 정치이다"라고 가르치시자, 악마가 "그렇다면 부처님이 손수 다스려보라"고 유혹했다 한다. 예수님께서 40일 동안 광야에서 금식기도하실 때 받은 악마의 유혹을 연상시키는 대목이다. 법정 스님은 이를 '분별심'이라 말씀한다. 그러자 부처님이 답하셨다. "히말라야 산을 황금으로 만들고, 이

음악과 함께 명상에 잠길 수 있는 '침묵의 집'은 종교를 넘어 모든 이에게 개방되어 있다.

를 곱으로 만든다 할지라도, 통치자의 끝없는 야망은 채워지지 않는다." 스스로 통치자가 되겠다고 나서는 사람들에게 자신을 끊임없이 경계하라고 일러주는 한편, 통치자를 뽑는 사람들도 이를 끊임없이 경계해야 함을 일러주는 말씀이라 하겠다. 그러니 당시 대통령 후보로 나선 사람 가운데 법왕을 자처하는 사람에 대해 뭐라고 하셨겠는가? 자칫 그 분위기를 모르는 사람들에게는 법정 스님의 올곧은 지적이 잘못 이해될 수도 있겠기에 구체적으로 옮기지는 않겠다만, 그 말씀 끝에 사람들이 박장대소했으니 그 내용을 누구나 미루어 짐작할 수 있을 것이다.

이제 글을 정리할 때가 된 듯하다. 나는 누군가 길상사에 들르고 싶다 하면 서툴지만 길라잡이를 할 용의도 있다. 길상사에 가면, 명상음악과 함께 명상에 잠길 수 있는 '침묵의 집'에서 "자신을 속속들이 지켜보고, 콩 반쪽이라도 나눠 갖는 실천행이 생활 속에 자연스럽게 배어 있어야 깨달음에 이를 수 있다"는 법정 스님의 다짐이 뜻하는 바가 무엇인지 혹시 깨닫게 될지도 모를 일 아닌가? 그러고서 마음이 움직이거든 '맑고 향기롭게' 회원으로 가입해도 좋을 듯하다. 길상사는 올해에도 김장 1,900포기를 해서 혼자 사는 노인들을 비롯해 살림이 어려운 분들에게 나누었다 한다.

욕심 같아서는 정기법회의 찬불가가 피아노 반주가 아니라 국악기 반주였으면 좋겠다고 꼬리를 다는 것은, 한국 기독교회의 문화선교에 뜻을 두고 있는 내가 스스로에게 던지는 한마디 쓴소리쯤으로 여겨도 좋을 것이다.

天道敎中央大敎堂

2 천도교 중앙대교당 이야기

한국의 전통문화를 쉽게 느낄 수 있다는 매력에 이끌려 많은 사람들이 인사동거리를 찾는다. 그 가운데는 물론 외국 사람들도 적지 않다. 그러나 이곳과 가까이 있으면서도 일반의 관심대상이 되지 못한 채 약간 구석진 곳에 자리 잡은 듯이 여겨지는 명소가 있다. 그곳은 바로 경운동에 있는 천도교 중앙대교당이다.

길 건너편에 마주하고 있는 운현궁이 한말의 귀족문화를 부분적으로나마 대변하고 있다면, 이곳은 문자 그대로 민중문화의 정수를 대변했다고 할 수 있지 않을까? 그러나 민중이라는 단어가 흔히 연상시키는 토착적인 분위기와는 사뭇 다른 외관이 눈에 띤다.

이 건물이 계획된 것은 1918년이다. 치욕적인 한일합방이 이루어진 1910년으로부터 11년이 지난 1921년 2월에 준공된 이 건물은, 천도교 3대 교조로서 3.1운동을 주도한 손병희 선생과 밀접한 연관이 있다. 선생은 1897년 9월 최시형 2대 교조로부터 천도교의 대통을 이어받아 1906년 2월 천도교 중앙총부를 설립했는데, 한일합방을 맞아 중앙총부 직원과 교인들이 모인 자리에서 "내가 내 손으로 10년 안에 반드시 내 나라를 되찾겠다"고 결의를 밝혔다. 비록 나라는 되찾지 못했지만, 독립운동을 위한 준비를 차근히 진행해오던 가운데 1919년의 3.1운동 즉후 이 건물을 준공한 것이다.

천도교는 당시 중앙대교당의 공사자금으로 전국 교인에게 호당 10원 이상 헌금할 것을 종령(宗令)으로 발표했는데, 이는 지금의 20만 원에 해당한다. 그렇게 모금된 성금 약 100만 원(현 약 200억 원) 가운데 대부분은 3.1운동자금으로 사용되고, 30만 원 가량만 이 공사비로 쓰였다 하니, 어떤 의미에서 중앙대교당 건립은 3.1운동을 위한 구실이었는지도 모른다.

독립운동 저지에 혈안이 되어 있던 일제가 여러 방식으로 이를 방해했으리라는 것은 불을 보는 듯하다. 우선 이미 모금된 성금을 되돌려주라고 했으나, 천도교인들은 거짓 영수증을 보내오는 방법 등으로 모금운동을 계속했다.

중앙대교당의 내부 모습. 천도교 상징인 궁을 마크가 중앙정면을 장식하고 있어 인상적이다.

또한 이 대교당의 설계는 당초 현재의 3배(또는 2배) 이상 규모였으나, 일제가 건물 안에 기둥이 없어 위험하다는 이유로 건축 허가를 내주지 않아 결국 현재 규모로 축소되고 말았다. 이 대교당의 설계자가 조선은행〔한국은행〕 설계에 관여했던 일본인〔中村與資平〕이었고, 시공자는 중국인〔張時英〕이었던 것도 어쩌면 일종의 위장전술이었는지 모른다.

1층 212평 8합, 2층 45평 6합, 3층 14평 4합 4작, 4층 7평 8합 4작, 총 건평 280평 6합 8작이 되는 이 대교당의 전체적인 평면은, 이집트 십자가형(Egyptian Cross)으로 되어 있으나, 내부로 들어서면 하나의 강당과 같은 평면을 이룬다. 건물의 기초부는 창신동 돌산에서 채석한 화강석을 이용하고, 벽체는 붉은 벽돌로 쌓

았으며, 맞배지붕으로 되어 있다. 건물 안쪽에 2층 구조의 사무실을 붙여 짓고, 그 중심인 현관부를 바로크풍으로 높이 쌓아 올려 고풍스러운 모습을 보인다. 일반 교회당을 연상시키지만, 유리창의 장식 무늬가 배달민족을 상징하는 박달나무 꽃과 무궁화 등으로 되어 있고, 천도교의 상징인 궁을(弓乙) 표시가 중앙 정면을 장식하고 있어 독특한 맛을 살려내고 있다.

천도교를 상징하는 궁을기(弓乙旗)는 1906년 2월 11일 천도교 현판과 함께 게양되었는데, 1905년 12월 1일 천도교가 선포되었을 때, 손병희 선생은 수운의 궁을영부(弓乙靈符)를 모형으로 교기를 제작하도록 지시했다. 궁을기는 태극형과 궁궁형이 절묘하게 배합되어 있다. 태극은 널리 알려져 있으므로 설명이 필요 없을 터이지만, 궁궁(弓弓)은 태극의 연속선으로서 항상 새로운 단계로 발전하는 태극을 말한다. 태극이 한울님 마음작용의 근본인 내형(內形)이라면, 궁궁은 그 마음작용의 외형(外形)이라고 보는 교단 쪽의 설명이 그럴듯하다.

해월(海月)은 궁을의 모양을 '마음 심'(心) 자로 보고, 마음이 화하고 기운이 화하면 한울과 더불어 같이 화한다고 정의한 바 있다. 나아가 궁을은 천지의 형태로서, 천지인(天地人)은 한마음이므로 궁을은 곧 천지인 모두의 형체가 된다. 수운(水雲)은 '없는 것 같은 형상'을 태극과 궁궁으로 형상화했다고 했거니와, 태

우이동에 있는 봉황각. 이곳에는 아직도 의암 손병희 선생의 유품이 남아 있다. 천도교는 이곳을 1958년부터 의창수도원으로 활용하고 있으며 서울특별시는 1969년에 향토문화재 제2호로 지정하여 보존케하고 있다.

극만으로 표현할 수 없는 경지를 위해 사용된 궁궁을 삼원(三元)과 동일시하는 해석은 상당히 설득력이 있다. 곧, 궁을기에는 음양이 서로 마주하는 사이에 중(中)이 있어, 이 중을 중심으로 좌우가 완전히 대칭을 이루는데, 바로 이 허중(虛中)이 좌우를 소통·화합하여 좌·중·우의 삼원이 통일성을 갖게 된다는 것이다. 이는 삼극적(三極的)으로 존재하는 한울님의 또 다른 존재양식을 설명하는 동시에, 음·양·중은 《도덕경》에서도 보이는 일생삼법(一生三法)의 음양통일성으로서 만물을 생성하는 원리가 된다. 김지하 시인은 그의 책 《동학이야기》에서 역(易)의 삼극 사상, 곧 황극(皇極), 태극, 무극을 다루고 있는데, "무극이 큰 고요로서 일체의 움직임마저 다 포함하는 우주 생명의 본성이라면, 태극은 음양의 끝없는 활발한 움직임으로서 통일적 생명의 본성인바, 황극은 양자가 현실 세계, 현실 우주, 현실 역사에서 눈에 보이는 형태로 실현 성취되는 것을 말한다"고 쓰고 있다.

당시 서울 장안에서 조선총독부 건물, 명동성당과 더불어 3대 명물 가운데 하나로 손꼽히던 이 대교당은, 앞에서 말한 대로 건립동기부터 민족의 독립과 밀접한 연관이 있다. 그것은 천도교의 또 다른 성소(聖所)인 봉황각과 관계 지워볼 때, 너무나도 분명하다.

손병희 선생은 1912년 도봉구 우이동에 봉황각을 건립했으니, 이는 "사람이 곧 한울(하늘)이다"라는 천도교의 진리를 바탕으로

봉황각 전경.

새 역사를 열어나갈 중진교역자를 양성·배출하는 동시에, 항일 독립운동의 주도적인 일꾼들을 양성하기 위한 교육기관이었던 셈이다.

"나라를 도와서 모든 사람이 안녕하고 행복하게 살아가도록 한다〔輔國安民〕", "한울님의 크고 높은 덕을 온 천하에 펼쳐나간 다〔布德天下〕", "사람으로 하여금 올곧고 넓게 바르게 살아가도 록 한다〔廣濟蒼生〕"는 진리를 통해 지상천국 건설을 목적으로 하 는 천도교로서는, 일제치하에서 독립하는 것이 가장 분명하고 구

봉황각 전면 50미터쯤 떨어진 곳에 있는 손병희 묘소.

체적인 목표였던바, 봉황각을 설립하고 3년 동안 7차례 걸쳐 전국의 교역자 483명이 49일 동안 차례로 독공 수련했다. 수련 내용은 주로 이신환성(以身換性), 곧 육신은 일시 객체이나 성령(性靈)은 영원한 주체임을 깨달아 인간의 근본을 찾고 주체성을 확립하는 정신개벽을 이룩함으로써 항일독립운동에 나서는 정신적인 자세를 확고히 하는 데 역점을 두었다.

3.1운동 당시 천도교 대표 15인이 모두 이곳에서 배출된 사실이 바로 이 봉황각이 국권 회복과 민족정기 회복을 위해 세워졌음을 웅변으로 말해준다. 천도교는 1958년부터 이곳을 의창수도원으로 활용하고 있고, 서울특별시는 이를 1969년에 향토문화재 제2호로 지정하여 보존하고 있다. 봉황각 옆에는 8평 3홉 크기의

별채가 있는데, 이곳은 손병희 선생의 부인 주옥경 여사가 생활하던 곳이다. 또한 봉황각 동편에는 1969년에 천도교 중앙총부 청사(1921년 건립)가 경운동에서 옮겨 와 종학원으로 활용되고 있다. 총건평 188평 6홉에 달하는 이 건물도 중앙대교당 못지않게 유서 깊은 곳이다. 우이동에는 의암성사 손병희 선생의 묘소도 있어 성지로서의 품격을 더하고 있다.

이처럼 중앙대교당은 봉황각에서 배출된 인재들을 중심으로 민족운동을 하기 위한 상징적이면서도 실질적인 거점으로 세워졌기에, 서울유형문화재 제36호로 지정된 것은 당연하다.

3.1운동이 세계 역사에서 유례없는 규모로 전개되었던 것도 천교도와 이 중앙대교당 없이는 생각할 수 없다고 해도 지나친 말이 아니다. 3.1운동의 규모를 생각해보면, 더욱 그러하다.(집회수 1만 5,432회, ② 동원수 562만 3,952명, ③ 사상자 2만 3,479명, ④ 피검자와 투옥자 4만 6,948명, ⑤ 건물파괴 369건, ⑥ 곡물손실 3만 9천여 석)

이와 같은 희생을 바탕으로 이 나라가 독립된 것을 생각한다면, 그리고 8.15 해방 후 해외로 망명했던 백범 김구 선생 등 애국지사들이 귀국하여 많은 강연회를 열기도 했거니와, 줄곧 자유수호와 민주발전에 크게 기여했던 것을 생각한다면, 이곳을 그냥 지나치기가 무척 송구스러울 지경이다. 그러나 어디까지나 이는 천도교

중앙대교당인 만큼, 천도교가 시행하는 각종 행사와 정기집회를 위한 장소로 쓰인다. 그 가운데서도 일요일마다 열리는 시일식(侍日式)이 가장 중심이 된다.

시일은 교인들이 한자리에 모여서 한울님과 스승님을 모시고 함께 기도하고 감화(感化)를 받는 날로서, 천도교인들은 매주 일요일 오전 11시에 소속 교구 또는 인근 교당에 모여서 기도와 함께 교화를 받아 신앙을 더욱 돈독히 하고, 교인끼리 기화(氣化)를 도모하며, 교회의 목적을 달성하기 위해 힘쓴다. 기화란 기운이 서로 일치함으로써 일어나는 작용을 말한다. 신령은 기화를 통해 활동하게 되고, 이러한 신령의 활동을 저마다 깨우쳐서 한울님과 내가 불가분의 관계에 있다는 것을 알고 이를 삶 속에서 실천하는 것을 '각지불이(各知不移)' 라고 한다.[1]

집례자와 설교자, 경전봉독자가 예복을 착용하고 단상에 올라 '개식, 청수봉전, 심고(참례인 일동), 주문 3회 병송, 경전봉독, 천덕송합창, 심고, 폐식' 순서로 시일식을 거행하는데, 한복일 경우에는 두루마기를 입으면 예복은 착용하지 않아도 된다.

의식 가운데 '청수봉전' 은 제1대 교조 수운 대신사가 기도할 때 행했던 것을 모범으로 삼는다. 그는 대구 장대에서 참형당하기 직전에도 청수(淸水)를 봉전(奉奠)하고 기도하신 뒤 순교하셨

---

1) 김지하 시인은 '불이' 를 본질로부터 옮기지 않음' 으로 풀이한다.

으니, 이후 천도교에서는 개인이나 집단을 막론하고 모든 의식을 치를 때 기도와 의식의 표준물로서 맑은 물을 떠 바치고 거룩한 정신을 마음에 새긴다.

'심고'(心告)는 마음으로 한울님과 스승님께 고(告)하는 것으로서, 해월신사의 법설인 〈내수도문〉(內修道文)에 따르면, 천도교인은 모든 행동 하나하나에 심고를 드리도록 되어 있다. 즉 잘 때 "잡니다" 하고 마음으로 고하고, 일어날 때 "일어납니다" 하고 마음으로 고하고, 물 길러 간다거나 방아 찧으러 간다거나 하는 모든 일상적인 행동을 시작하고 끝마쳤을 때에 이와 같이 고해야 한다고 되어 있다. 가장 대표적인 예로 매일 저녁 9시에 치르는 매일기도식에서는 "한울님, 스승님, 감응하옵소서. 저는 지금 가족들과 함께 봉전하고 기도를 봉행하오니 감사하옵니다"라는 말로 시작한다. 마음으로 고하는 것이 원칙이나, 많은 사람들이 참여할 때에는 사정에 따라 심고를 소리 내어 할 수도 있다.

식사 때에는 식고(食告)라 하여 식사를 시작할 때와 마친 다음에 반드시 심고해야 하는 것으로 되어 있다. 아침식사의 경우, 1단은 "한울님과 스승님, 조상님 감응하옵소서. 지금 한울님의 은덕으로 아침진지를 받들었사오니 감사하옵니다"로 되어 있고, 2단은 "저는 한울님의 뜻과 스승님의 가르침을 받들어 하루 속히 이신환성, 도성입덕하여 포덕천하, 광제창생, 보국안민, 지상천국 건설의 대원을 달성하고자 하오니 감응하옵소서"라고 되어 있다. 이어 3단은 "어릴 적부터 있던 신병이 약 없이도 스스로 낫게 하여 주옵시고, 집안 여러 절차가 우환 없이 일년 365일을 하루같이 지내게 하옵소서"라는 뜻을 담고 있다. 마지막으로 4단은 "또한 저의 집에 무궁한 복록을 주시옵고, 모든 동덕(同德, 천도교에서 교인끼리 서로 부르는 이름)들이 정심수도하여 교회의 발전을 이루게 하시옵고, 동포가 길이 평안하여 민족이 통일과 무궁한 번영을 누리게 하시옵고, 온 세상에 밝은 광명을 비춰 세계가 천국이 되게 하여 주시옵소서.(이 밖의 소원) 한울님과 스승님 앞에 지극한 정성으로 발원하오니 감응하옵소서. 감사히 먹겠습니다"로 마친다. 시일식에서는 1단만 약간 다를 뿐 2~4단은 위와 같이 심고하는 것으로 되어 있다.

'주문'(呪文)은 한울님을 지극히 위하는 글로서, 장생(長生)의 글이자 한울님의 덕을 천하에 펴는 법문이다. 또한 항상 소리 내어 읽음으로써 한울님 마음의 진리를 깨닫고 한울님의 덕과 스승님의 은혜를 오래 잊지 않아 만사여의(萬事如意)에 이르도록 하는 기도문이다. 그 가운데 21자 주문이 으뜸이니, 한울님의 기운과 내 기운이 서로 융화되어 하나가 되고자 하는 주문인 강령주문(降靈呪文) 8자, 곧 '지기금지 원위대강'(至氣今至願爲大降)과 본주문인 '시천주 조화정 영세불망 만사지'(侍天主 造化定 永世不忘 萬事知)의 13자를 합해 21자 주문이라 한다. 이 21자 주문에 대해서는 《동경대전》(東經大典) 〈논학문〉(論學文) 가운데 최수운(제우) 대신사가 풀이해 놓은 것이 있다.

우선 '지기' 란 지극한 기운이며, '금지' 란 도에 들어 처음으로 지기에 접함을 안다는 것이고, '원위' 라는 것은 청하여 비는 뜻이며, '대강' 이라는 것은 기화(氣化)를 원하는 것이다.

본주문의 '시' 라는 것은 안에 신령이 있고 밖에 기화가 있어 온 세상 사람들이 각각 알아서 옮기지 않는 것이요, '천주' 의 '주' 라는 것은 존칭해서 부모와 더불어 같이 섬긴다는 것이요, '조화' 라는 것은 무위이화(無爲而化)요, '정' 이라는 것은 그 덕에 합하고 그 마음을 정한다는 것이요, '영세' 라는 것은 사람의 평생이요, '불망' 이란 생각을 가지고 생각을 보존한다는 뜻이요, '만사' 란 수가 많은 것이요, '지' 라는 것은 그 도를 알아서 그 지혜를 받는 것이다. 요컨대, 천인합일의 경지에 이르러 한울님의 무궁한 가르침을 받고, 나아가 한울님의 덕에 이르고자 하는 주문이다.

천덕송이란 기독교의 찬송가나 불교의 찬불가와 비슷하다고 할 수 있으며, 거기에는 천덕송과 송가가 포함된다. 천덕송으로는 현재 모두 32곡이 지정되어 있고, 송가는 40곡인데, 천덕송 쪽이 좀더 근본적인 교리와 관련이 있다면, 송가는 역사적인 업적들과 연관된다고 할 수 있다.

선도사(宣道師)로서 환원(還元, 천도교에서 정신적인 지도자의 죽음을 예우해서 부르는 말), 곧 본래 자리로 돌아가신 서영모(徐永模) 선생은 개인적으로는 나의 장인 되는 분이다. 일본음악학교를 졸업하고, 고려오페라단 단장과 국립오페라단 부단장, 그리고 숙명여대 음악과장 등을 지내셨는데, 그 어른이 쓰신 많은 노래들이 이 천덕송과 송가들 가운데 들어 있다.

천도교에서 발행하여 현재 사용 중인 천도교경전에 부록으로 실려 있는 천덕송에는 유감스럽게도 작사·작곡자의 이름이 전혀 밝혀져 있지 않지만, 서영모 선생의 유품을 참고하면 천덕송 가운데는 제23장 〈천덕사〉(其一), 제28장 〈한울님의 덕〉, 제30장 〈인일기념가〉(김기전 시), 제31장 〈도일기념가〉(김영덕 시)가, 그리고 제32장 〈주문의 노래〉(김기전 시), 송가 가운데는 〈개벽행진곡〉(김원용 시), 〈낙도가〉(서영모 시), 〈동학의 딸〉(탁원 시), 〈기뻐요〉(김기전 시), 〈영부의 노래〉(박음삼 시), 〈3*7자 주문〉, 〈의암신사 추모가〉(박종화 시), 〈시일의 노래〉(김기전 시), 〈축하의 노래〉(서영모 시), 〈한울세상〉(박일 시), 〈청수가〉(임순화 시), 〈동방의 빛〉(조영화 시), 그리고 〈땅 위에 한울나라를〉(김창욱 시) 등 18곡은 본인이 작곡한 것임을 밝혀놓고 있다. 그 밖에도 송가 가운데 〈기도가〉(김기전 시, 허인달 채보), 〈고치 강의 노래〉(허삼봉 시, 오만금 곡, 김경렬 채보협조), 그리고 〈우리 모두 즐기세〉(이한영 시·곡)를 서영모 선생이 현재 나와있는 악보대로 편곡한 것으로 밝히고 있다. 입으로 전해진 노래들이야 어쩔 수 없겠지만, 이처럼 작사·작곡가가 분명한 곡들은 이를 밝히는 것이 후배들이 문화적으로 성장하는 데 도움이 될 것이 틀림없기에, 딱히 적절한 자리 같지는 않지만 밝혀둔다.

이왕 문화적이라는 단어를 썼으니, 천도교중앙대교당의 문화활동도 한번 살펴보기로 하다. 먼저 교당 안에 있는 '세계 어린이 운동발상지'라는 비석에서 이야기의 실마리를 잡는 것이 좋을 듯하다.

이는 손병희 선생의 셋째 따님인 손용화와 결혼한 소파(小派) 방정환이 우리나라 최초로 아동문화운동단체인 '색동회'와, '어린이'라는 호칭을 일반화한 잡지 《어린이》를 창간한 곳이 이곳

소파 방정환.

중앙대교당이었던 것과 밀접히 연관된다. 그는 1921년, 천도교소년회를 창립하여 그 이듬해인 1922년 5월 1일에 제1회 어린이날 행사를 가졌으며, 1923년 5월 1일에는 조선소년군단, 불교소년연맹, 천도교소년회가 연합으로 제1회 어린이날을 제정하여 오늘날까지 이어지는 어린이날의 효시가 되었다. 천도교에서는 그런 의미에서 매년 일반적으로 손꼽히는 어린이날에 한 회를 더해 기념하고 있다.

젊은이나 늙은이는 이미 희망이 없다. 우리는 오직 나머지 힘을

가하여 가련한 후생(後生) 어린이에게 생명의 길을 열어주자는 취지로 5월 1일을 어린이날로 정하여, 어린이들을 위하여 일하자는 날이 오늘이라 한다. 조선의 어린이여! 그들에게 복이 있으라! 조선의 부형(父兄)이여! 그들에게 정성 있으라!

1923년에 처음으로 치러진 어린이날 행사를 당시 일간지가 기린 감격스러운 글이다. 이와 함께 청년운동, 농민운동과 같은 맥락의 사회운동 차원에서 10대 어린이들이 앞으로 사회변화와 민족운동을 이끌어나갈 수 있도록 키우고자 한 것이 어린이운동의 본뜻이었다는 해석은 그럴 듯하다. 당시 인구 30만 명이던 서울에 뿌려진 조선소년운동협회 주최 제1회 어린이날 선전문이 무려 12만 장이었다니, 그럴 만하지 않는가? 천도교당에서 진행된 기념식 행사 뒤에 이어진 시가행진도 장관이었다 한다. '경축 어린이날'이라고 쓴 플래카드를 앞세우고 고적대 행진곡에 발맞춰 파고다공원에서 광화문 일대로 나가는 가두행렬은, 일본 기마경찰대의 호위를 받았을망정 4년 전의 만세운동을 연상시키기에 제격이다. 어린이날 행사가 사회운동의 성격을 띤 것은 소파 방정환이 1923년 3월, 신문광고에서 밝힌 소년 잡지 어린이의 창간 이유로 미루어 보아도 틀림없다.

더할 수 없는 곤경에 처하여, 그래도 우리가 안타깝게 무엇을 구하기에 노력하는 것은 내일은 잘될 수 있겠지 하는 한 가지 희망 때문입니다. 그 희망이란 내일의 조선 일꾼 소년소녀들을 잘 키우는 것밖에 없습니다.

소파의 당시 나이가 스물넷이었고 몇 년 뒤에 세상을 떠나지만, 그는 단순한 소년운동가나 아동문학가에 머물지 않는다. 어린이 창간 이전에 '신문 부럽지 않은' 영향력을 자랑했던 시사 종합지《개벽》을 창간한 것도 그와 무관하지 않다.

1920년 6월 25일, 천도교에서 정신의 개벽과 사회의 개조를 주창하면서 한울사상을 불어넣은 종합 월간지《개벽》(주필 소춘 김기전)에는, 계몽주의 경향의 김기진과 박영희, 민족주의경향의 현진건, 김동인, 염상섭 등이 동참하여 문학과 민족과 사상을 토로했던 것이다.

그뿐 아니라 여성 잡지《신여자》, 대중 잡지《별건곤》, 영화 잡지《녹성(綠星)》등 잡지 리얼리즘을 개척한 것도 소파 그분이다. 어물전과 싸전을 하던 비교적 여유 있는 집 태생이지만, 동학운동에 적극 가담했던 아버지의 영향을 일찍부터 받아왔던 방정환은, 손병희 선생의 사위로 간택되었을 정도로 총기와 용기가 있던 청년이었다. 10대 때에 쌀 동냥 등 극빈을 체험하면서 사회주의와 민족주의로 무장된 것이 틀림없다. 한때 총독부 토지조사국 임시직원으로 일하긴 했지만, 이는 오로지 민족운동을 위한 거름이었을 뿐이다.

3.1운동 전해에 청년구락부를 조직하고, 기관지 《신청년》을 발행하기도 했던 그가 급성요독증으로 세상을 떠난 뒤(1931), 일제는 《어린이》를 폐간(1932), 어린이날 기념식을 금지(1934)했는데, 이후 천도교의 문화운동도 크게 위축된 듯하다. 물론 1926년에 창간된 《신인간》을 발행하고, 천도교 미술인회 전시회를 여는 등 각종 문화행사를 개최해 오고 있다.

캐나다 리지이나대학의 오강남 교수가 《세계종교 둘러보기》의 마지막 장에서 한국의 민족종교 가운데 천도교를 가장 세계화될 가능성이 있는 종교로 손꼽기도 했거니와, 이선영(교화관 차장)이 쓴 대로, 오늘날과 같이 환경이 파괴되는 사회에서 "설거지물이나 아무 물이라도 땅에 부을 때에 멀리 뿌리지 말라. 가래침이나 코를 함부로 땅에 뱉지 말라. 이것은 곧 어머니의 얼굴에 뱉고 버리는 것이다. 어쩌다 그랬다 하더라도 곧바로 닦아 없애라. 땅을 소중히 여기기를 어머니의 살처럼 여기라" 하신 해월 최 시형 선생의 가르침이 좀더 널리 파장을 일으킬 수 있기를 기대한다.

그런 관점에서 과거에 보성전문학교(현 고려대)와 동덕여학교(현 동덕여대) 등의 고등교육기관을 운영 또는 설립했던 취지를 살려 수운대학을 설립하자는 교단 내 움직임이 성사될 수 있다면, 새로운 시대를 대비한 인재양성으로 현재 10만여 명에 머물

고 있는 교세도 확장될 수 있지 않을는지, 감히 국외자로서 한가
닥 생각을 덧붙여 본다.

3 원불교
강남교당 이야기

서울의 지성소 가운데 처음부터 마음에 두고 있었던 것은 원불교 교당들이다. 개인적으로는 청년시절 크리스찬 아카데미의 대화모임부장으로 일하면서, 원불교를 대표하여 여러 모임에 참석했던 류병덕 박사와 맺은 인연도 있지만, 가족관계도 연결이 되어 있다.

내 큰형수의 고모 되시는 분이, 6·25 당시 고아들을 제주도로 피난시켜 그 일화가 영화로까지 만들어진 황온순 여사이다(당시 그분이 세운 한국보육원은 모든 사회복지시설의 대명사처럼 여겨졌다). 그분과 그 분 따님이 별세했을 때, 원불교 서울회관으로

조문 갔던 일이 있는데, 그때 본 예식이 관심을 갖게 된 하나의
계기가 된다.

그러면서도 이제껏 글을 쓰지 못한 것은 원음방송국까지 있는
원불교 서울회관이 '지성소'의 분위기보다는 일반 사무건물의
인상을 풍기고 있기 때문이었다. 그러다가 《공간》지의 청탁으로
건축가 김인철 교수를 만나 그가 설계한 건물들을 보고 돌아오던
길에, 그의 작품들에서 왠지 기념비적이고 종교적 감흥이 느껴진
다는 소감을 말한 끝에, 서울의 지성소에 관한 글을 쓰고 있다는
이야기와, 원불교 서울회관의 사무공간 같은 인상을 약간 불만스
럽게 토로했더니, 강남교당을 가보았느냐는 답이 왔다. 그렇지
않아도 그 교당을 이끄는 박청수 교무를 개인적으로 몇 번 만날
기회가 있었기에 그분 이야기도 곁들일 생각이었는데, 바로 그
강남교당의 설계자가 김인철 교수라는 말을 듣고, 대뜸 가보자고
청하여 일행과 함께 양재역 근처에 있는 원불교 강남교당을 방문
하게 되었다.

원불교의 상징이자 신앙과 수행의 표준인 일원상(一圓相, 이는
'법신불'로 간주된다)을 주제로 한 지하 1층과 지상 3층의 흰 건
물은, 입구 마당의 바닥까지도 원을 중심으로 꾸며져 있어 이 정
도라면 건물의 모습을 글의 서두로 삼을 만하다는 생각이 들었
다. 우주만물이 이름은 다르나 둘이 아닌 것을 눈, 귀, 코, 입, 몸,
그리고 마음을 통해 알게 하려는 상징이 바로 이 일원상이라는

위에서 내려다 본 교당 앞마당.

법어가 시각적으로 맑게 울려오기 때문이다.

원불교전서와 예전집례집, 그리고 원불교라는 홍보책자를 얻어들고 돌아와 틈틈이 들쳐보고 —이 가운데 원불교전서는 원불교서인 정전, 대종경, 정산종사법어, 불조요경, 예전, 교사(敎史), 성가를 집대성한 책자다— 법회도 참관하면서, 원불교를 이해하기 위한 실마리를 잡아냈다. 실제로 모든 종교가 그렇듯이, 건축환경과 예배의식을 아는 것이 그 종교를 실감할 수 있는 가장 빠른 지름길이기 때문이다.

예전전례집의 법회 항목을 따라 그 대강을 그려본다.

1. 개 회

법회는 촛불을 켜고 향을 피운 뒤, 좌종을 10번 침으로써 시작된다. 맑은 좌종 소리가 마음을 그윽하게 가라앉혀 준다. 이어 개회가 선언되는데, 사회는 대중을 향해 서서 죽비(竹篦)를 3번 치고 대중을 향해 한 번 경례하면서 "반갑습니다"로 법회 시작을 알린다. 대중도 동시에 인사한다.

2. 법신불전 헌배

다같이 자리에서 일어나 주례를 따라 중앙에 있는 금빛의 일원상을 향해 대례 4배를 올리는데, 대례는 죽비 신호를 따른다.

3. 입정(入定)

사회는 죽비를 한 번 쳐서 입정 신호를 한 뒤 일정 시간이 지나면 다시 죽비를 한 번 쳐서 출정 신호를 한다. 입정이란, 일반적인 용어로 묵상이나 좌선이라 이해해도 좋을 것이다. 원불교는 좌선의 요지를 다음과 같이 설명한다.

좌선이라 함은 마음에서 망념을 쉬고 진성을 나타내는 공부이며, 몸에서 화기를 내리게 하고 수기를 오르게 하는 방법이니, 망념이 쉰즉 수기가 오르고 수기가 오른즉 망념이 쉬어서 몸과 마음이 한결같으며 정신과 기운이 상쾌하리라. 그러나, 만일 망념이 쉬지 아니한즉 불기운이 항상 위로 올라서 온몸의 수기를 태우고 정신의 광명을 덮을지니, 사람의 몸 운전하는 것이 마치 저 기계와 같아서, 수화의 기운이 아니고는 도저히 한 손가락도 움직이지 못할 것인바, 사람의 육근(六根)기관이 모두 머리에 있으므로, 볼 때나 들을 때나 생각할 때에 그 육근을 운전해 쓰면 온 몸의 화기가 자연히 머리로 집중되어 온몸의 수기를 조리고 태우는 것이 마치 저 등불을 켜면 기름이 닳는 것과 같나니라. 그러므로, 우리가 노심초사하며 무엇을 오래 생각한다든지, 또는 안력을 써서 무엇을 세밀히 본다든지, 또는 소리를 높여 무슨 말을 힘써 한다든지 하면 반드시 얼굴이 붉어지고 입속에 침이 마르나니 이것이 곧 화기가 위로 오르는 현상이라. 부득이 당연한 일에 육근의 기관을 운용하는 것도 오히려 존절히 하려든, 하물며 쓸데없는 망념을 끄리어 등불을 두뇌의 주야로 계속하리요. 그러므로 좌선은 이 모든 망념을 제거하고 진여(眞如)의 본성을 나타내며, 일체의 화기를 내리게 하고 청정한 수기를 불어내기 위한 공부니라.

예전집례전에는 2, 3분이라고 써 있지만, 강남교당의 경우 20분을 할애하기도 한다.

4. 독경과 성가

주례가 좌종을 한 번 친 뒤 〈일원상 서원문〉을 선창하고 목탁으로 신호하여 '운곡(韻曲)'을 이끈다. 운곡이란 목탁이나 북을 쳐서 운을 붙여 곡조를 읊는다는 정도의 의미일 것이다. 독경이

끝나면 다시 좌종을 세 번 친다. 〈일원상 서원문〉의 내용은 다음
과 같다.

일원은 언어도단(言語道斷)의 입정처(入定處)요, 유무초월의 생
사문(生死門)인 바, 천지·부모·동포·법률의 본원이요, 제불·조
사·범부·중생의 성품으로 능이성유상(能以成有常)하고 능이성무
상(能以成無常)하여 유상으로 보면 상주불멸로 여여자연(如如自然)
하여 무량세계를 전개하였고, 무상으로 보면 우주의 성·주·괴·
공(成住壞空)과 만물의 생·로·병·사(生老病死)와 사생(四生)의 심
신작용을 따라 육도(六途)로 변화를 시켜, 혹은 진급으로 혹은 강
급으로, 혹은 은생어해(恩生於害)로 혹은 해생어은(害生於恩)으로
이와 같이 무량세계(無量世界)를 전개하였나니, 우리 어리석은 중
생은 이 법신불 일원상을 체(體) 받아서 심신을 원만하게 수호하는
공부나 사리를 원만하게 아는 공부를 하며, 또는 심신을 원만하게
사용하는 공부를 지성으로 하여 진급이 되고 은혜는 입을지언정,
강급이 되고 해독은 입지 아니하기로써 일원의 위력을 얻도록까
지 서원하고 일원의 체성(體性)에 합하도록까지 서원함.(원불교전
서 24~25쪽)

육도(六途)란 천도(天道)·인도(人道)·수라(修羅)·축생(畜
生)·아귀(餓鬼)·지옥(地獄)을 말하는데, 강남교당의 경우에는

〈반야바라밀경〉을 이어서 독경한다.

첫 성가는 대체로 원불교 교가를 부르는데, 가사 내용은 다음과 같다.

영산회상 봄소식이 다시 와/ 만 생령의 자부이신 대종사
제도 문을 널리 열어 주시니/ 우리들의 행복됨이 크도다.
어둠에서 방황하던 우리는/ 온 세상의 광명이신 정법에
무시선과 무처선의 공부로/ 한량없는 삼대력을 갖추세.
재생의 세 목적하는 형제들/ 고해중생 반야선에 건져서
일원의 꽃 피어 있는 극락에/ 영겁에서 영겁으로 즐기세.

'일원의 꽃' 이라는 표현을 구체화하기 위해서인지, 법당 중앙 '일원상' 제단 위에는 꽃이 늘어져 있다.

5. 설명기도와 심고

모두 일어서서 합장하고, 주례는 사회가 시작 죽비를 한 번 치면 설명기도를 시작한다. 기독교식의 목회기도와 같은 성격으로서, 대체로 다음과 같은 내용이 중심을 이룬다.

법신불(法身佛) 사은이시여! 이 법회에 모인 저희들에게 특별한

광명과 힘을 내리시와, 저희들로 하여금 신성의 근원이 더욱 깊어지옵고 혜복(惠福)의 문로가 길이 열리게 하옵시며, 수양·연구·취사(取捨)의 삼대력이 날로 전진하여 중생계를 벗어나 보살도에 오르게 되옵고, 보살도를 닦아 부처의 경지에 들게 하옵시며, 공부와 사업을 하는 데에 모든 마장을 다 소멸하여 주옵시고, 동서남북이 다 통달하여 어느 곳에 가든지 매양 대중을 이익 주는 동시에 또한 대중의 환영과 보호를 받게 하옵시며, 언어 동작이 다 진실하여 어느 시간을 당하든지 항상 진리를 어기지 않는 동시에 또한 진리의 음조와 은덕을 입게 하옵시며, 동지 교우가 화합 단결하여 이 회상의 위신이 두루 시방 세계에 드러나고 이 교법의 공덕이 널리 일체 중생을 제도하게 하여 주시옵소서. 일심으로 비옵나이다.

강남교당에서는, 교당과 관계된 사업과 인사에 관한 사항들도 함께 기도대상이 된다.

마지막 "일심으로 비옵나이다"가 끝나면 곧 대중은 〈심고가〉를 시작한다. 가사 내용은 "거룩하신 법신불 사은이시여, 우리들의 서원을 이루어주소서. 진리와 은혜의 부처 되도록 우리들의 서원을 이루어주소서"라고 되어 있다. 2절은 셋째 단에서 "어두운 세상의 빛이 되도록"이라고 되어 있는데, 대개 1절만 부른다. 심고(心告)라는 용어는 천도교에서 많이 쓰는데, 이 노래 제목은

〈서원을 이루어주소서〉라고 나란히 적혀 있다. 노래를 부른 다음 경례하고 자리에 앉는다.

6. 법어 봉독

주례는 〈심고가〉가 끝날 무렵 법어 봉독을 위해 연상 앞으로 이동하며, 대중이 자리에 앉으면 경전을 펴서 받들고 대중과 함께 경배한 다음 함께 봉독한다. 대중은, 주례가 경전을 받들고 경배할 때, 같이 경배한다.

7. 일상수행의 요법

각자의 마음과 생활을 대조하여 외우는 일상수행의 요법은 다음과 같다.

1. 심지(心地)는 원래 요란함이 없건마는 경계를 따라 있어지나니, 그 요란함을 없게 하는 것으로써 자성(自性)의 정(定)을 세우자.

2. 심지는 원래 어리석음이 없건마는 경계를 따라 있어지나니, 그 어리석음을 없게 하는 것으로써 자성의 혜(慧)를 세우자.

3. 심지는 원래 그름이 없건마는 경계를 따라 있어지나니, 그 그름을 없게 하는 것으로써 자성의 계(戒)를 세우자.

4. 신(信)과 분(忿)과 의(疑)와 성(誠)으로써 불신과 탐욕과 나(태)

경종(磬鍾), 경종을 치는 막대, 죽비. 법회를 시작하고, 마칠 때, 사용되는 법요 도구이대(위). 향과 촛불. 향과 촛불을 킨 후, 법회를 시작한다. (왼쪽) 원불교 교전. 원불교의 기본 교리 및 원불교 창시자의 언행록 등이 담겨 있다.(아래)

와 우(치)를 제거하자.

5. 원망생활을 감사생활로 돌리자.

6. 타력생활을 자력생활로 돌리자.

7. 배울 줄 모르는 사람을 잘 배우는 사람으로 돌리자.

8. 가르칠 줄 모르는 사람을 잘 가르치는 사람으로 돌리자.

9. 공익심 없는 사람을 공익심 있는 사람으로 돌리자.

8. 설법(설교)

설법자는 일원상 앞 중앙으로 나아가 한 번 절한 뒤 대중과 서로 인사하고 설법한다.

9. 심고

사회는 죽비 1타로 시작을 알리고 1분 뒤 쯤 죽비 1타로 마친다. 대중은 각자 원하는 대로 앉은 채 묵상한다. 심고가 끝나면 성가가 있고, 노래가 끝나면 사회는 폐회를 선언하고 죽비를 세 번 친다. 그리고 대중을 향해 "마음공부 합시다"라면서 한 번 절한다. 대중 역시 경례하면서 "마음공부 합시다" 한다. 알려야 할 교당소식이 있으면 폐회 전에 한다.

별도로 편집된 예전순서는 하나의 기준일 뿐, 예컨대 강남교당의 경우, 서두는 같으나 이어서 입정·반야심경·성가·설법·일상수행의 요법—광고—교당의 노래—폐회로 이루어진다.

설법은 설법하는 사람 자신의 경험을 사례로 들어가며 흰 칠판을 이용하여 원불교 교전을 해설하는데, 교당소식을 알리는 광고를 도중에 자유롭게 한다. 아마도 박정수 교무의 개인적인 방식이 많이 작용한 듯싶다. 설법 이후의 분위기가 비교적 자유로운 것이 한편으로는 경건미가 조금 떨어진 듯하지만, 생활불교의 특색이거니 하면 그런대로 특징이 있어 보이기도 한다. 마지막에 부르는 〈이 마음 그늘질 때〉라는 제목의 〈교당의 노래〉의 가사는 다음과 같다.

> 이 마음 그늘질 때 불을 켜주고/ 허전할 때 외로울 때 힘을 얻는 곳
> 지낸 일 돌아보며 깨침을 얻고/ 가뿐한 마음으로 돌아가리라.
> 이 마음 메마를 때 물을 대주고/ 답답할 때 괴로울 때 힘을 얻는 곳
> 법문을 열어놓고 기다리시니/ 법회에 나가리라 입선하리라.

전반적으로 볼 때, 시각적 요소보다는 청각적 요소의 비중이 크다 할 수 있는 법회 장면을 약간 장황하다 싶으면서도 소개한 것은, 이미 말했듯이 원불교의 핵심이 그 안에 모두 들어 있어 원불교를 이해하는 하나의 지름길이 된다고 생각하기 때문이다.

다시 말해, 원문대로 인용된 〈일원상 서원문〉, 〈설명기도문〉,

<일상수행의 요법>을 안다면, 일반 사람들도 별 어려움 없이 원불교의 핵심에 이를 수 있겠다는 말이다. 물론 용어풀이가 필요하다는 것은 두말할 여지가 없다.

법신불 사은(四恩)이란 천지은·부모은·동포은·법률은의 네 가지 은혜를 말하는바, 원불교는 인간이 이것들 없이는 살 수 없는 관계로 여겨, 감사·보은하는 생활을 하며 우주의 모든 것을 다 부처로 모시고 언제 어디서든지 항상 경외심을 잃지 말고 청정한 마음과 경건한 태도로 모든 사물을 대하고, 지금 이 자리에서 직접 불공하여 현실 속에서 복락을 구할 것을 가르친다(대종경 교의품 4장 참조). 곧, 불공할 처소와 부처가 따로 있는 것이 아니라 그 일(一)과 원(圓)에 따라 따로 있게 되니, 이리 되면 법당과 부처가 없는 곳이 없게 되며, 부처의 은혜가 한량없으리라는 것이다(대종경 서품 15장). '마음공부'와 연결되는 수행과목을 삼학(三學)이라 하는데, 이는 정신수양, 사리연구, 작업취사(作業取捨)를 말한다. 그 가운데 마지막은 정의는 용맹 있게 취하고 불의는 용맹 있게 버리는 실천력을 얻는 공부다.

이와 같은 공부의 출발은, 우리의 마음을 괴롭게 하는 것은 욕심이요 집착이라는 인식이다. 그러므로 집착을 풀어놓는 일이 요구된다. 그것은 곧 모든 고통의 원인이 내게 있음을 아는 것을 뜻한다. 일체유심조(一切唯心造)의 진리를 깨달은 사람은 눈을 늘 바깥으로 돌려 상대를 원망하거나, 뜯어고치려 하거나, 고작해서

참거나, 피경(避境)하려고 하지 않는다. 그보다는 처음 입교하면 받는 보통급에 속하는 사람에게 십계를 지킬 것을 가르친다. 다시 말해 1.연고 없이 살생을 말며, 2.도둑질을 말며, 3.간음을 말며, 4.연고 없이 술을 마시지 말며, 5.잡기를 말며, 6.악한 말을 말며, 7. 고 없이 쟁투를 말며, 8.공금을 범하여 쓰지 말며, 9.연고 없이 심교(心交)와 금전을 여수하지 말며, 10.연고 없이 담배를 피우지 말라는 것이다.(《원불교전서》, 81쪽)

이 십계만 제대로 지킨다면 이미 상당한 경지에 오른 터인데, 그것은 여섯 가지 등급 가운데 시작에 지나지 않는다. 이는 소극적인 수행으로 만족하지 않고 좀더 적극적인 생활자세, 곧 불법이 생활이요〔佛法是生活〕, 생활이 불법이라〔生活是佛法〕는 경지를 목표로 삼아 실천하라는 가르침으로 요약된다.

이상의 사항들을 참조할 때, 원불교는 분명히 불교의 기본원리를 바탕으로 한다. 그러나 도봉교당 권도갑 교무는 "원불교는 인도에서 중국을 거쳐 한국으로 전해온 기존 종파의 불교가 아니다"라고 단언한다. 원불교는 '이 땅에서 일어난 새로운 불교'로서, 원불교를 창시한 소태산 대종사 박중빈은 큰 깨달음을 이룬 뒤 모든 종교의 경전을 열람하다가, 한 제자를 통해 금강경을 구해보고는 부처야말로 진실로 성인 가운데서도 성인이라는 사실을 깨달았다고 한다. 그가 열람한 경전은 유교의 〈사서〉나 〈소학〉, 불교의 〈금강경〉, 〈선요〉, 〈불교대전〉, 〈팔상록〉, 선가의 〈음

부경〉, 〈옥추경〉, 동학의 〈동경대전〉과 〈가사〉, 기독교의 〈구약성
서〉와 〈신약성서〉 등으로서, 그 가운데 특히 〈금강경〉은 꿈에서
그 이름을 알았다고 한다. 이렇게 해서 그는 그 연원(淵源)을 부처
로 정하고 장차 이 회상을 펼 때에 불법을 주체삼아 완전무결한
큰 회상을 이 세상에 건설하리라고 했다는 것이다. 이때 연원이
란, '입교할 때 이끌어주는 사람'을 뜻하는데, 천도교에서도 같
은 의미로 사용된다.

이처럼 깨달음을 얻은 소태산은 불교와 인연을 맺고 "물질이
개벽되니 정신을 개벽하자"는 표어를 내놓았으니, 원불교는 곧,
"시대화, 생활화한 불교요, 대중 속에 살아 있는 종교로서 모든
인류를 낙원세계로 인도하는 새로운 불교개혁운동"(권도갑)이라
는 자의식이 강하다. 그런데 실상을 보면 오히려 "정신이 개벽되
니 물질을 개벽하자"에 더 가까운 듯하다. 왜냐하면 깨달음을 얻
은 소태산은 가장 먼저 주위에서 따르는 사람들을 모아 오랜 구
습에 젖어있는 민중의식을 일깨워주고자 했는데, 이때 그는 자신
의 삶을 이어가기에 급급한 이들과 함께 저축조합을 만들어서 근
검절약, 허례허식 폐지, 공동작업 등을 통하여 생활의 혁신을 주
도하였고, 이렇게 모은 자금으로 길용리 앞 바다를 막아 논을 만
들고, 가난한 사람들이 식량난을 해결할 수 있도록 도와주었기
때문이다. 원불교 창립의 기초는 이런 과정을 통하여 다져진 것
이라 하겠다.

　한편, 일제 식민지 시절에 소태산은 자신을 따르는 제자들에게 위기를 기회로 삼듯 일본 사람들을 무조건 적으로 보지 않고 우리를 일깨워주는 스승으로 보게 하면서 조용히 정신을 훈련하는 정신개벽운동을 펼쳤다. 또한 익산으로 총부를 옮기고, 인재양성을 대단히 중요하게 생각하여 원광대학의 전신(前身)인 유일학림을 열어서 교육사업을 시작하였다.

　이렇게 볼 때, 원불교가 말하는 낙원세계는 사후세계가 아니라 현실의 물질개벽과 불가분의 관계가 있어 보인다. 이러한 맥락에서 강남교당 박청수 교무의 이타행(利他行)이 온전하게 이해될 수 있을 듯하다. 거기에는 원불교가 가르치는 평등세계 건설의 방법인 자력(自力) 양성, 지자(智者)본위, 타자녀(他自女) 교육,

공도자(公道者) 숭배의 사요(四要) 실천이 그대로 살아 있기 때문이다.

'자비의 어머니'라는 별칭으로도 불리는 박청수 교무는 어렸을 때부터 원불교 지도자로 키우려고 마음먹은 어머니의 뜻에 따라 1956년 전주여고를 졸업하고, 그해 4월 원불교 교무가 되기 위해 출가했다. 원광대학교 원불교학과를 졸업하고, 동국대학교 대학원에서 불교학을 전공, 석사학위를 받았음에도 그녀는 불교의 체계는 너무 복잡하다는 발언을 서슴지 않는다. 2004년 3월에는 홍익대학교에서 명예 철학박사학위를 받기도 했다. 30대 초반 서울 사직교당 개척교화 시절, 국립맹학교 학생들을 교화하며 어린 맹인교도들 스스로 점자 교전을 만들게 했다.

1988년부터는 캄보디아 난민을 돕고, 지뢰를 제거하며, 고아원 설립을 지원하고, 식비 전액을 지원하고 있으며, 2003년 3월에는 바탐방에 무료 구제병원을 설립·운영하기 시작했다. 캄보디아 왕국의 시아누크 국왕은 그의 공적(캄보디아 지원총액 3억 1400여 만 원)을 인정, 사하메트레이 왕실훈장(외국인 유공자훈장)을 수여했다. 1992년 7월에는 인도 히말라야 3,600미터 고지 라다크에 불교 기숙학교 건립을 후원하여 그곳 빈민아동들에게 배움의 터전을 마련해주고, 설산 사람들을 위해 종합병원을 세워 현대의료 혜택을 주는 등 세계의 무지와 빈곤, 질병을 퇴치하기 위해 세계 52개국과 인연을 맺고 종교간 협력과 인류평화를 위해 앞장서 활동하고 있다. 저소득층 자녀를 위한 '미아 샛별 어린이 집' 원장으로 일하였고, '우리 민족 서로 돕기 운동본부' 공동대 표, '민주평통' 종교분과 상임위원, 사회복지공동모금회 인선위원 으로도 활동했다. 현재 원불교 강남교당 교무로 교화활동을 하며 2002년에는 국내 최초의 대안중학교인 성지송학중학교를 전남 영 광에 설립·운영하고, 2003년에는 경기도 용인에 수도권 최초의 대 안중학교인 헌산중학교를 설립·개교하여 제도권 교육에 적응하지 못하는 학생을 위한 인성교육에도 큰 힘을 쏟았다. 북한 이탈 청소 년을 위한 특성화 학교인 한겨레중·고등학교 설립을 위해 경기도 안성에 1만 5천 평 학교 부지를 매입하고 2006년에 개교를 했다.

한편 뉴욕 소재 국제다종교협력기구인 TOU(Temple of Under-standing)의 이사로서, 국제간 종교이해 증진을 위해 활동하기도 했다. 저서로는 《기다렸던 사람들처럼》, 《마음으로 만난 사람들》, 《나를 잡은 지구촌 사람들》이 있으며, 〈현대수필문학상〉을 받기도 했 다. 그 밖에도 일가상 사회공익 부문(일가기념재단), 2001년 제37회 용신봉사상(한국여성단체협의회), 제1회 평화여성상(평화를 만드는 여성회), 2002년 정부의 국민훈장 목련장을 받았다. 그녀는 세계일보 에 25회 연재한 〈나의 삶, 나의 행복〉을 이렇게 마감하고 있다.

나는 설산 라다크에 지난 10여 년 동안 쉼 없는 정성을 쏟았다. 마치 내가 아니면 누가 그들을 돌보랴 하는 심경으로 아까운 줄 모르고 우리나라의 넉넉함을 부족한 그들에게 퍼 날랐다. 그리하여 이제는 산촌의 어린이 450여 명이 초·중등 기숙학교에서 재미있게 공부하고 있다. 그리고 50병상의 종합병원도 생겨 설산 사람들도 현대 의료의 혜택을 누리게 되었다. 인생을 살아가는 동안 누구에게나 공평하게 주어진 시간과 세월, 그 시간과 세월을 라다크 설산 사람들에게 바친 보람이 크다.

그녀는 1975년부터 성 나자로 마을 등 가톨릭 복지기관과 인연을 맺으면서 나환자와 장애자를 도우며 종교간 협력에 힘쓰고 있는데, 2005년 2월 12일에는 봉사 30년을 기념하는 행사가 성 나자로 마을에서 거행되었다. 강원용 목사, 이인호 대사, 안병영 전 교육부총리 등이 축사한 이 모임은, 실상 그녀가 매년 베풀어온 생일잔치를 조금 더 크게 한 것 뿐이다. 그녀는 다른 종교와 협력한 30주년을 맞아 마치 한평생 종교협력운동에만 정성을 쏟아온 것 같기도 하고, 이제 30년으로 그 일을 마감하는 것 같은 아쉬움이 들기도 한다고 말했다(2007년에는 정년퇴임할 것이기 때문에 교당 교도들과 전과 같은 활동은 할 수 없기 때문이다). 그녀는 개인적으로야 살아있는 동안 한결같은 관심을 갖고 가던 길을 걸어갈 것이라고 감회를 말하기도 했다.

어느 경우에나 개인을 너무 내세우는 것은 전체를 위해 득보다는 해가 되기에 조심스럽기는 하나, 이 글이 원불교 강남교당을 출발점으로 삼았기에 박청수 교무에 관한 이야기를 실은 취지를 양해하리라 믿는다.

글을 마감하려 함에 성공회 사제인 사위의 말이 떠오른다. 언젠가 원불교 시설에서 종교간 집회를 가진 적이 있었는데, 모임장소 중앙에 걸려 있던 일원상을 떼더라는 것이다. 굳이 다른 종교를 믿는 사람들에게 원불교를 강조하는 듯한 느낌을 주지 않기 위해서였다고 한다. 아마도 이런 모습이 원불교를 짧은 세월 동안에 이 땅에 뿌리내리게 한 원동력인지도 모른다는 생각이 든다. 물론 그 뒤에는 십인일단(十人一團)이라는 독특한 조직방법이 작용한다는 것은 두말할 나위가 없을 것이다.

4 유학의 요람, 대성전 이야기

궁극적 존재에 대한 관심을 종교라고 한다면, 현실을 중시하는 유교의 지성소라 할 대성전(大成殿)을, 서울의 종교적 명소를 순례하는 이 책에서 다루어야 할지에 대해 다소나마 망설이지 않을 수 없었다. 그러나 종교를 정의할 때 으뜸 되는 가르침을 내린 인물(흔히 교조라고도 함), 그의 가르침을 적은 경전, 같은 신조를 공유하는 제자 조직과 교단으로 형성된 공동체, 일정한 숭배 형식인 의례를 갖추고 있다는 사실이 크게 참조된다는 점에 비추어 보면, 유교 역시 종교로서의 형태를 갖추고 있음은 부인할 수 없다. 비록 현실을 중시한다 하지만, 유교에도 초월적인 존재로서의 하늘〔天〕

에 대한 사상이 엄연히 존재한다. 천리(天理)를 존중하며 "순리로 하면 성공하고 역리로 하면 멸망한다"는 가르침이 있는 바에야, 이를 종교의 일환으로 간주해도 무방하리라는 생각에 대성전이 자리 잡고 있는 성균관대학교로 걸음을 옮겼다. 실제로 대성전을 이야기하자면, 어쩔 수 없이 성균관을 이야기하지 않을 수 없기도 하다.

우리 역사에서 국립 최고학부에 관한 가장 오랜 기록은 고구려 소수림왕 2년(372)으로까지 거슬러올라간다. 《삼국사기》에 있는 태학(太學)이 바로 그것이다. 경전 읽기와 활쏘기 등의 교육이 중요했다 하니, 이른바 예(禮)·악(樂)·사(射)·어(御)·서(書)·수(數)의 육예(六藝)를 기본내용으로 한 듯하다.

그런데 성균관대학교에서조차도 건학 원년을 1398년으로 잡고 있다. 이는 '성균관'이라는 교명과 지금의 학교 위치를 고려한 것인데, 조선왕조 태조 이성계는 한양에 도읍을 정하고 동북방 숭교방(崇敎房)에 국립 최고학부로서 성균관을 세웠다. 이미 고려 공민왕 11년(1356)에 '성균관'이라는 이름이 정해졌기는 하지만, 그 위치는 개성이라 서로 다를 수밖에 없다. 통일을 위한 작업의 일환으로 개성 성균관과 서울 성균관 사이에 교류가 논의되었다고 들은 것 같다.

조선은 유교를 건국이념으로 내세운 만큼 그 교육내용도 당연히 유교 경전이 중심을 이루었다. 유학경전 교육의 전통에 대해서

명륜당 모습.

라면 백제의 오경박사 제도와 신라의 국학까지 헤아리지 않더라
도, 적어도 고려의 국자감(992)은 언급해야 할 것 같다. 여기에서
는 신라에서와 같이 논어와 효경을 필수과목으로 총 8년 반에 걸
친 교육을 실시했을 뿐더러, 그 뒤(1119)에는 '양현고'(養賢庫)라
하여 최초의 장학기구를 세웠으니, 지금도 성균관대학교의 기숙
사는 '양현재'라는 그 이름을 잇고 있다. 아울러 고려 초기부터 공
자묘(孔子廟)를 세우고 그의 업적을 추모하고 기리는 여러 의식을
행하였던바, 지금도 해마다 봄·가을 두 차례에 걸쳐 석전대제(釋
奠大祭)를 올리고 있다.

공자를 비롯한 4성과 송조 6현, 한국의 18현 등의 위패를 모신 대성전 모습. 보물 141호로 지정되어 있다.

한편 조선조 태조 당시 성균관에는 명륜당과 대성전, 동재와 서재, 그리고 성균관의 관리를 맡아오던 정록청(正錄廳) 등이 설립되었는데, 명륜당은 학생들에게 유학을 강의하던 강당으로 약 150에서 200명 정도의 학생들이 공부하거나 과거시험을 보는 장소로 활용되었다. 대성전은 공자를 비롯하여 그의 제자와 후대 유학자의 위패를 모시는 문묘(文廟)이다.

그 밖에도 성종 때에 향관청(享官廳)과 존경각(尊經閣), 그리고 비천당(丕闡堂)과 육일각(六一閣) 등이 차례로 설치되었다. 향관청은 대성전에서 석전대제를 지낼 때에 쓰이는 갖가지 도구와 의복을 보관하는 장소이고, 존경각은 도서관, 비천당은 명륜당과 함께 과거시험을 보기 위한 장소이며, 육일각은 활과 화살 등을 보관하는 곳으로서, 육예의 전통이 면면히 이어졌음을 알 수 있다. 지금도 명륜당 뒤쪽 좌우편에 그 이름들을 딴 건물들이 세워져 있다.

대성전이란 실제 고유명사라기보다는 공자묘, 곧 문묘의 정전(正殿)을 뜻하는 보통명사로서, 우리나라 각지에 있는 향교마다 대성전이 있다. 그러나 성균관대학교 교정 안의 문묘에 있는 대성전이 그 가운데 대표격으로서, 보물 141호로 지정되어 있다.

앞에서도 말했듯이 이 전각에는 공자를 중앙에, 안자(顔子)·증자(曾子)·자사(子思)·맹자(孟子) 등 4성(聖)을 좌우에 모셔 합사(合祀)한다. 한국의 성균관 대성전에는 이 밖에도 이른바 10철

문묘의 연혁을 기록한 비를 거북이 받치고 있는 문묘비각.

(十哲)과 송조 6현(宋朝 六賢)의 위패와 함께 중국 역대 현인 94위, 그리고 동국(東國) 18현이라 하여 한국 명유들의 위패를 모시고 있다. 한국의 18현은 설총, 최치원, 안유, 정몽주, 김굉필, 정여창, 조광조, 이언적, 이황, 김인후, 이이, 성혼, 김장생, 조헌, 김집, 송시열, 송준길, 박세채 등인데, 대부분 일일이 그 업적을 적지 않아도 될 만큼 이미 그 이름들이 역사에 빛나고 있다.

원래는 대성전의 '성' 자가 거룩할 '성'(聖)이었는데, 단종 원년(1452)에 이룰 '성'(成)자로 바꾸었다 한다. 이유는 알 수 없으나, 이곳에서 행하는 석전대제의 의의를 생각하면 그럴 만하다는 생각이 든다. 석전대제는 원래 학교에서 옛날 성인과 훌륭한 스승을 추모하기 위해 올리던 의식이었는데, 한나라 이후 유교가

76

국교가 되면서 점차 공자를 석전의 대상으로 모시는 관례가 정착되었다고 한다. 그리하여 주대(周代)에는 원래 요·순·우·탕·문왕을 선성(先聖)이라고 일컬었는데, 한대(漢代) 이후 공자가 선성선사(先聖先師)의 자리로 올려진 것이다.

석전(釋奠)에서 원래 '석'(釋)은 '놓다'(舍) 또는 '두다'(置)의 의미를 지닌 글자로서 '베풀다' 또는 '차려놓다'는 뜻이다. 또한 '전'(奠)은 일종의 상형문자로서 '酋'와 '大'의 합성자이다. 여기에서 '酋'는 술병에 술을 담고 덮개를 덮어 놓은 형상으로, 빚은 지 오래된 술을 의미하며, '大'는 물건을 얹어두는 받침대의 모습을 상징한다. 따라서 이는 곧 정성스레 빚은 술을 받들어 올린다는 뜻이다. 그러나 석전이라는 이름이 '채(菜)를 놓고〔釋〕폐(幣)를 올린다〔奠〕'에서 유래했다고 하는 해석도 있는 바, 처음에는 간략하게 채소만 놓고 지냈으나, 뒤에는 고기나 과일 등 풍성한 제물을 마련하여 지냈다고도 한다.

선성선현에 대한 제사의식인 석전이 예부터 학교에서 봉행되어 내려온 것은 유학의 독특한 성인관(聖人觀)에 바탕을 둔 것이라 할 수 있다. 그것은 곧 '누구든지 배우면 성인이 될 수 있다'는 의식이다. 유학과 관계된 설명에 따르자면, "성인은 태어날 때부터 그 그릇이 정해져 있는 것이 아니다. 인간은 누구나 태어날 때 똑같이 성인이 될 수 있는 자질을 지니고 태어난다. 이 같은 자질은 마치 씨앗과도 같은 것이어서 부지런히 배우고 노력하면

싹을 틔우고 결실을 보아 성인의 경지에 도달할 수 있지만, 그렇지 못한 경우 그 씨앗은 싹도 제대로 틔우지 못하고 말라버려 오히려 사회적으로 지탄을 받는 대상이 될 수도 있다"는 것이다. 이는 인간의 무한한 가능성에 대한 깊은 신뢰를 표현하는 것일 뿐 아니라, 인간의 주체적인 도덕적 실천능력에 대한 확고한 믿음을 드러내는 것으로서, 유학의 중요한 전통으로 성립되어 오랜 세월에 걸쳐 변함없이 이어져 내려왔던 것인바, 바로 이 같은 유학의 독특한 성인관으로 말미암아 배움의 장소인 학교에서 석전을 올리는 의식이 지속될 수 있었던 것이다.

석전은 성리학이 정착된 조선시대에 들어와서는 국가에서 주관하는 길례(吉禮)·가례(嘉禮)·빈례(賓禮)·군례(軍禮), 그리고 흉례(凶禮), 등 《국조오례의(國朝五禮儀)》 가운데서 길례 편에 속하는 국가의 대사로서 치러졌다. 이처럼 당시 인재양성의 최고 기관이었던 성균관의 문묘에서 진행되는 석전을 국가의 대사로 규정한 것은 석전이 지니고 있는 교육적 의의에 바탕을 둔 것이라고 할 수 있다.

석전은 정제(丁祭) 또는 '상정제(上丁祭)'라는 별칭으로도 불렸는데, 이는 석전을 매년 봄과 가을, 두 차례씩 음력 2월과 8월의 상정일(上丁日)을 택하여 올려온 데서 비롯된 것이다.

1986년에 중요무형문화재 제85호로 지정된 석전대제(釋奠大祭)는 우선 집사(執事)가 연주자들과 일무(佾舞)를 추는 무원(舞

팔일무

員)들을 거느리고 들어와 제자리에 서고, 이어 여러 집사들도 들어와 네 번 절하면, 초헌·아헌·종헌·천조관(薦俎官)이 들어와 동쪽 계단 아래 서쪽을 향하여 서고, 집사의 명령에 따라 등가(登歌)와 헌가(軒架) 관현악곡 음악과 문무(文舞), 무무(武舞)의 일무가 교차되면서 식이 시작된다.

의식은 영신례(迎神禮), 대추나 건치(乾雉)를 드리는 전폐례(奠幣禮)·초헌례(初獻禮), 아무런 의식 없이 음악만 연주하는 공악(空樂)·아헌례(亞獻禮)·음복례(飮福禮)·철변두(徹籩豆)·송신례

(送神禮)·망료(望燎)의 순서로 진행된다. 이 가운데 음복례란 제사를 끝낸 뒤 참제자들이 술이나 그 밖의 제물을 먹는 의식이고, 철변두란 그릇을 덮는 제순(祭順)을 뜻한다. 문묘 때에는 등가에서 남려궁(南呂宮)을 연주하는데, 대부분의 제순에 일무가 따르나 철변두에는 없다. 일무란 여러 줄로 벌여 서서 추던 춤을 말하는데, 문묘제례에는 팔일무(八佾舞), 다시 말해 8명씩 8줄로 늘어선 64명이 춤을 춘다. 조선 세조 때 창제되어 전승된 이 춤의 기능보유자는 중요무형문화재 제1호인 김천흥 옹이다. 망료는 제사를 지낸 뒤 축문(祝文)을 불사르는 의식을 말한다. 집례(集禮)가 음악을 연주하라 명하면 헌가에서 송신황종궁(送神黃鐘宮)이 연주되는데, 음악은 식이 끝날 때까지 여러 번 반복되다가 축문을 다 태우면 집례(執禮)의 지시대로 그친다.

음악과 무용을 글로 묘사한다는 것은 사실 불가능하다고 하지만, 위의 설명만으로는 만족스럽지가 않아 문묘제례악에 대해 간추린 설명을 추가하려 한다.

응안지악(凝安之樂), 줄여서 문묘악(文廟樂)이라고도 하는 석전악(釋奠樂)은, 고려 예종 11년(1116)에 하례사(賀禮使)로 중국 송(宋)나라에 갔던 왕자지(王字之)와 문공미(文公美)가 돌아오는 길에 휘종(徽宗)에게 받은 대성아악(大晟雅樂)에서 비롯된다고 한다. 이 대성아악은 환구(圜丘)·사직(社稷)·태묘(太廟)의 제향과 더불어 문묘제례에 썼다. 그러나 고려 말에서 조선 전기를 지나는 동안 점차 고식(古式)이 어그러져 제례절차, 악기, 악장 등이 지극히 혼란스럽고 무질서해졌다. 그러다가 조선 세종 때에 이르러 박연(朴堧)을 비롯한 여러 신하가 〈주례(周禮)〉, 〈통전(通典)〉, 〈율려신서(律呂新書)〉 등 중국의 옛 전적을 참고하여 아악의 정비 작업을 벌였다. 그 결과 8음(八音)의 구비, 아악보 찬정(撰定), 새로운 아악의 제정 등 옛 주나라 때의 모습을 되찾게 되었다고 한다. 그 뒤 임진왜란으로 일부가 분실되었다가 광해군 때 《악학궤범(樂學軌範)》에 준하여 복구되었으나, 연이은 병자호란으로 다시 중단되었다고 한다. 그 뒤 여러 차례 아악 복구 작업을 펴다가, 영조 때 비로소 제 모습을 갖추었고 성종 때보다 규모가 축소된 것이 오늘날에 이르렀다. 이러한 수난 속에 이어진 문묘제례는 중국에서는 없어진 지 오래고, 유일하게 한국에만 남아 있다.

문묘제례악은 모두 15곡으로 이루어졌다. 이 곡들은 모두 같은 선율형이나, 기음(基音)만을 달리하여 15곡을 만들었다. 곧 12율(十二律)을 각기 궁(宮)으로 삼아 12곡을 만들고, 〈송신황종궁〉(送神黃鐘宮), 〈송신협종궁〉(送神夾鐘宮), 〈송신임종궁〉(送神林鐘宮)의 3곡을 더하여 전체 15궁(15곡)을 만든 것이다. 음계는 7음음계 구성이고, 주음(主音; 宮)으로 시작하여 주음으로 끝난다. 형식은 4음이 1구(句)를 이루고, 8구가 모여 한 곡을 이룬다. 1구의 끝마다 북을 두 번 치기 때문에 구절 떼는 법은 비교적 쉽다.

편성악기는 반드시 8음(八音; 여덟 가지 재료)을 구비해야 하며,

등가(登歌)와 헌가(軒架)라는 관현악단을 갖추어서 연주한다. 등가는 헌가보다 높은 뜰에 편성되고, 편종(編鐘)·편경(編磬)·거문고〔琴〕·비파〔瑟〕·노래〔歌〕 등 현악기들이 중심이 되며, 음려(陰呂)의 남려궁(南呂宮)을 주로 연주한다. 헌가는

문묘제례악

등가보다 낮은 뜰에 편성되며, 노고(路鼓)·노도(路鼗)·진고(晋鼓)·훈(塤)·지(篪) 등의 관악기와 타악기가 중심이 되고, 양률(陽律)의 고선궁(姑洗宮)을 주로 쓴다.

국악기에는 거문고나 가야금처럼 상고시대부터 전해지는 것이 있는가 하면, 피리나 비파처럼 서역에서 전래된 것도 있고, 편종(編鐘)이나 편경(編磬)처럼 중국에서 전래된 것도 있다. 그러나 수입된 악기들은 대부분 한국 국악체제에 알맞도록 개량되거나 완전히 한국화하였다고 볼 수 있다. 현재 국립국악원에 보존되어

있는 국악기는 64종에 달하는데, 일부 악기들은 주법을 잊어 쓰이지 않고 있다.

국악기를 분류하는 전통적인 방법에는 2가지가 있는데, 그 하나는 악기의 재료에 의한 분류로《증보문헌비고(增補文獻備考)》에 따른 것이고, 다른 하나는 음악의 계통에 따른 분류로《악학궤범(樂學軌範)》에 의한 것이다. 그 밖에 최근에는 서양악기와 같이 연주법에 따라 관악기·현악기·타악기로 나누기도 하고, 악기의 발음원리에 따라 현명악기(絃鳴樂器)·공명악기(共鳴樂器)·체명악기(體鳴樂器)·피명악기(皮鳴樂器)·전명악기(電鳴樂器)로 나누기도 한다.

악기의 재료에 따른 분류는 악기를 만드는 데 필요한 주요 재료로서 금(金:쇠붙이)·석(石)·사(絲)·죽(竹)·포(匏:바가지)·토(土)·혁(革)·목(木)의 8가지로 나누는 방법이다. 이 8가지 재료를 팔음(八音)이라고 하는데, 8음에 따른 악기는 다음과 같다. ①금부: 편종·특종(特鐘)·방향(方響)·징·꽹과리·나발·자바라·운라(雲鑼), ②석부: 편경·특경(特磬), ③사부: 거문고·가야금·대쟁(大箏)·아쟁(牙箏)·금(琴)·슬(瑟)·향비파(鄕琵琶)·당비파(唐琵琶)·월금(月琴)·해금(奚琴)·와공후(臥箜篌)·수공후(竪箜篌)·소공후(小箜篌)·양금(洋琴), ④죽부: 대금(大笒)·중금(中笒)·소금(小笒)·당적(唐笛)·단소(短簫)·약·적(篴)·향피리·당피리·세피리·지(篪)·소(簫), ⑤ 포부: 생황

(笙簧), ⑥ 토부: 훈(塤)·부(缶)·나각(螺角), ⑦ 혁부: 갈고(羯鼓)·장구〔杖鼓〕·좌고(座鼓)·용고(龍鼓)·중고(中鼓)·교방고(敎坊鼓)·건고(建鼓)·응고(應鼓)·삭고(朔鼓)·뇌고(雷鼓)·뇌도(雷鼗)·영고(靈鼓)·영도(靈鼗)·노고(路鼓)·노도(路鼗)·진고(晋鼓)·절고(節鼓), ⑧ 목부:태평소(太平簫)·박(拍)·축(柷)·어(敔)가 있다. 북 종류 가운데 영도는 작은북 넷을 십자(十字) 모양으로 엇갈리게 겹쳐서 긴 나무자루에 북통 중간을 꿴 악기이다. 따라서 북면은 8면이 되고, 노란 칠을 한 북통마다 양쪽 중앙에 가죽끈을 달아 자루를 흔들면 끈이 북면을 때려 소리가 나게 되어 있다. 영고(靈鼓)와 더불어 사직제(社稷祭)에 써오다가 조선조가 멸망하여 사직제가 없어지자 소용없게 되었다.

일무는 앞에서 말한 대로 문무(文舞)와 무무(武舞)로 나뉘는데, 문무는 문덕(文德)을, 무무는 무공(武功)을 칭송한 것이다. 일(佾)은 '춤의 벌어진 줄'이라는 뜻으로 천자(天子)는 8명씩 8줄로 늘어선 64명의 8일무, 제후(諸侯)는 6명씩 6줄로 늘어선 36명의 6일무, 대부(大夫)는 4명씩 4줄로 늘어선 16명의 4일무, 사(士)는 2명씩 2줄로 늘어선 4명의 2일무로 한다. 공자를 모시는 문묘제례는 8일무를, 역대 임금을 모시는 종묘제례는 6일무를 한다. 무원(舞員)의 복장은 문무가 진현관(進賢冠)에 홍주의(紅周衣) 남사대(藍絲帶)·목화(木靴)를 착용하며, 무무는 피변관(皮弁冠)에 홍주의 · 남사대 · 목화를 착용한다. 무구(舞具)로는 문무는 왼손에 약(籥, 황죽으로 만든 손가락 구멍 3개가 있는 악기), 오른손에 적(翟, 나무에 꿩 털을 장식한 무구)을 들며, 무무는 왼손에 간(干;방패), 오른손에 척(戚;도끼)을 든다. 춤사위를 보면, 문무는 음악이 시작되면 오른발과 함께 양팔을 들어 어깨에 메는 시늉을 한다. 그런 다음 바로 허리를 굽히며 양팔을 아래로 내리는 동작을 짓는다. 먼저 북쪽을 향하고, 이어 서쪽 · 동쪽, 다시 북쪽의 방향으로 같은 동작을 반복한다. 무무는 종헌과 아헌 때가 약간 다르다. 그러나 음악이 시작되면 가슴에 손을 모은 채, 왼쪽으로 몸을 돌리고 다시 오른쪽으로 바꾼다. 그런 뒤 양손을 벌려 오른손을 머리 위로 들어, 척으로 간을 내리치는 동작을 반복한다.

중국에 들렀을 때 곡부(曲阜)에 가서 공자와 관련된 유적들을 살펴본 적이 있다. 규모는 과히 압도적이라 할 만하지만, 문화혁명의 여파로 많은 석조물이 파괴되어 어설프게 쇠붙이로 이어 놓은 데다가, 제례마저 온전히 보존되지 못한 상태에서 밤에는 고작 공자의 글귀들을 빙자한 야외 공연이 관광객들을 맞이하는 것을 보았다. '유붕 자원방래 불역낙호'(有朋自遠方來不亦樂乎), 곧 '벗이 먼 곳에서 찾아오니 기쁘지 아니한가' 라는 유명한 구절을 빌미삼아 각국 미녀들의 춤을 보여주는 판이 벌어진다. 언젠가 우리나라 문묘제례악이 이곳과 북경에서 연주되고 학습되어 유학의 품위와 격조를 제대로 알릴 수 있기를 진심으로 기원하였다.

대성전 곁에 있는 은행나무. 성균관의 역사를 지켜온 노거수의 잎새들이 큰 뜰을 노랗게 물들이고 있는 모습.

　대성전 근처에는 은행나무가 있는데, 이는 공자가 은행나무 밑에서 제자를 가르쳤다는 고사에 따른 것으로 알려진다. 600여 년 동안 성균관의 역사를 지켜왔다고 전해지는 두 그루의 마주 서 있는 크고 오랜 나무 잎새들이 큰 뜰을 노랗게 물들이고 있는 모습은 참으로 장관이었다. 은행을 두고 읊은 괴테의 시가 서울의 독일 문화원 안에 새겨져 있는데, 그가 이러한 사연을 알고 있었는지는 알 수 없다. 천연기념물 제59호(1962년 2월 3일 지정)인 이 나무는 높이가 21미터, 가지 퍼짐이 동서남북으로 대략 10에서 12미터다. 참고로 중국의 베이징대학과 일본의 도쿄대학이 다같이 은행잎을 교표로 삼고 있는데, 3국이 모두 유교문화권에 속하는 것을 상징한 것 같기도 하다.

　인재를 완성시킨다는 ‘성’(成)과 풍속을 고르게 한다는 ‘균’(均)을 합해 수기치인(修己治人)의 목표를 담고 있는 의의가 그 문화적 표현들과 함께 오래도록 이어지기를 바란다.

2부 

5 절두산
순교성지 이야기

절두산 순교성지를 찾은 것은 입춘 다음날이었다. "봄이 와도 봄 같지가 않다"는 옛말을 실감시키려는지 바람마저 몹시 불어, 체감온도는 좀 부풀려 말하자면, 마치 극 지방에 온 듯싶다 할 만큼 살을 엔다. 하기야 문자 그대로 신앙을 지키기 위해 목이 잘린 믿음의 성도들을 기념하는 곳을 찾는데, 무슨 꽃놀이 온 듯해도 별로 실감이 나지 않았을 것이다. 평소에 눈여겨보기는 했어도, 강변북로에서 성지 쪽으로 접어드는 샛길로 들어서고 나니 차를 세울 곳이 마땅치 않아 한강변으로 내려갔다가, 마침 한 자리가 비어 얼른 세운 뒤 계단을 타고 올라갔다. 나중에 알고 보니 정

절두산 기념관과 성당.

식 주차장은 그곳을 조금 지나 다시금 올라선 장소에 마련되어
있다.

계단을 올라서니 성모동굴과 김대건 신부 기념상이 눈에 들어
왔다. 기념성당과 기념관을 둘러보기 전에 뜰에 놓인 조각들과
기념물부터 살폈으나, 아무래도 이야기는 성당과 기념관 쪽부터
시작하는 것이 옳을 듯싶다.

이 곳을 성지로 부르는 것은, 물론 여기에서 1866년 10월 23일
(음력 9월 15일)부터 천주교 신자들이 처형당했던, 이른바 병인
박해와 밀접한 연관이 있다. 그 이전에도 천주교 신자들이 처형
을 당했지만 그 장소는 이곳이 아니라 새남터와 서소문 밖이었

92

다. 그러나 병인박해 때부터 한동안은 이곳이 처형장으로 활용되었다.

1784년에 이승훈(李承薰)이 북경에서 세례를 받고 돌아와 이벽 등과 함께 교회를 세우지만, 천주교는 시작부터 박해를 받는다. 1785년 봄, 김범우(토마스) 집에서 열린 비밀 집회가 드러나는 바람에 그는 유배 가서 죽었고, 모친상을 당한 선비 윤지충(바오로)이 신주를 불사르고 천주교 식으로 상례를 지냈다는 이유로 처형당했기 때문이다. 이어 신유박해(1801)로 300여 명, 기해박해(1938)로 130여 명이 또한 처형당했다.

철종(哲宗) 때부터 박해가 크게 누그러져 조정의 신하들 가운데서, 심지어는 대원군의 집안에서도 천주교와 깊은 인연을 맺게 된다. 특히 1860년 영·불 연합군이 북경을 함락했다는 소식이 전해지면서, 조정의 신하들은 천주교에 대해 더욱 더 관심을 갖게 되었다. 더구나 러시아가 북경조약으로 연해주를 차지하면서 조선과 두만강을 사이에 두고 마주하게 되고, 이후 통상을 요구해오자, 조선에서 활동하던 프랑스 성직자들과 지도층 신자들은 러시아에 대해 많은 정보를 갖고 있다는 이유로 대원군의 관심대상이 된다. 대원군은 심지어 베르뇌 주교에게 만일 러시아인을 물리쳐 주면 종교의 자유를 승인하겠다는 제안을 간접으로나마 건네올 정도였다. 러시아에 대항하는 유일한 방법은 프랑스·영국과 동맹을 맺는 것이고, 이는 무엇보다도 조선에 와 있는 서양인 주교의 힘을 빌리는 것이 가장 쉬운 길이라는 지도층 천주교인들의 견해가 마침내 대원군에게까지 전달되고 그 역시 호의적인 반응을 보여, 주교를 한번 만나고 싶다는 뜻을 전하라고 했을 정도이다.

그러나 대원군은 이내 마음을 바꾸었으니, 러시아인들이 국경을 넘어와 위협적으로 통상을 요구하는 행위가 잠잠해진 데다가, 대원군 반대파 대신들이 천주교와 접촉하려는 시도를 비판하는가 하면, 청나라가 1862년 이후 나라 안에 흩어져 있는 서양인들을 사형에 처하고 있다는 소식마저 전해지면서, 대원군에게 박해령에 서명하도록 강요하는 사태가 벌어졌기 때문이다. 그리하여 대원군과 만나기를 기다리던 베르뇌 주교를 비롯하여 모두 4명의 신부가 새남터에서 순교한 것을 시작으로 순교 행렬이 이어졌다. 엎친 데 덮친 격으로, 1866년 4월과 8월에 유대계의 독일 상인 오페르트가 영국 상선을 타고 두 차례나 아산만에 나타나 상륙을 시도하다가 좌절했고, 6월에는 미국 상선 서프라이즈호가, 9월에는 미국 상선 제너럴셔먼호가 평안도 해안에 접근했는데, 제너럴셔먼호는 대동강 하구에 닻을 내리고 통상을 요구하다가 관군에 의해 배가 불탔다.

그해 결정적인 사건이 터졌으니, 바로 병인양요이다. 프랑스 함대가 직접 조선 해안을 위협하고 군인들이 강화도에 상륙하여 약탈을 자행한 사건으로서, 이는 천주교 박해를 부추기는 직접적인 원인이 되었다. 그 사정을 좀더 자세히 살펴보도록 한다.

이 사건에 앞서 중국으로 피신한 리델 신부는 그곳에 있던 프랑스 극동함대사령관 로즈에게 조선에서 선교사가 학살된 소식을 전하여 그가 보복을 결심하게 만들었다. 로즈는 조선을 징벌하러 가기 위해 9월 18일 리델 신부를 통역으로, 최선일·최인서·심순녀 등 3명의 조선 신자를 안내인으로 삼아 세 척의 군함으로 중국을 출발하여 9월 26일에는 한강 입구를 거쳐 양화진과 서강까지 올라갔다가 돌아갔으니, 이를 제1차 병인양요라 한다.

이어 10월 11일에 그는 일곱 척의 군함을 이끌고 와 10월 14일에는 강화도 갑곶진을 거쳐 강화읍을 점령하니, 이것이 제2차 병인양요이다. 이때 프랑스 병사들은 강화도에 있던 은괴와 많은 물품들 그리고, 외규장각(外奎章閣)의 귀중한 서적들을 빼앗아갔다. 그러다가 10월 26일과 11월 9일에 문수산성과 정족산성에서 벌인 싸움에서 패해 11월 21일, 중국으로 철수했다. 지금도 초지대교 옆 초지진에는 당시의 포탄 흔적이 성벽과 소나무에 남아 있다는 표지가 있고, 강화역사박물관에는 당시의 상황이 자세히 전시되어 있다.

미테랑 프랑스 대통령이 당시 약탈해 간 서책들 가운데 한 권을 달랑 가지고 와서는 고속전철건설사업을 흥정하고 돌아갔으나, 프랑스에서는 사서들의 반대 속에 반환 소식이 아직도 감감하여 우리 국민들의 분노를 사고 있다.

병인양요 당시 그렇지 않아도 곱지 않은 시선을 감내해야 했던 천주교인들이 이 사건으로 더욱 공공연하게 박해를 받게 되었음은 구체적 사료 없이도 넉넉히 짐작된다. "앞으로 천주교 신자를 잡으면 먼저 처형한 뒤에 보고하라"는 선참후계(先斬後啓)의 명령마저 떨어져 1867년에서 1868년 초까지, 가는 곳마다 천주교 신자들이 체포되거나 처형당했다.

1866년 10월 23일부터 1867년 7월 30일까지는 특정 혐의가 있는 신자들을 골라 처형했으니, 그 특정 혐의란 바로 프랑스 함대를 불러들였다는 것이다. 기록에 남은 29명 가운데 이름이 확인된 절두산 처형자들은 22명인데, 이 가운데 외적을 불러들인 혐의를 받은 사람들이 무려 13명이나 되었다. 참고로 1865년 당시 천주교 신자는 전국적으로 모두 2만 3천 명이었고, 이 가운데 병인박해로 목숨을 잃은 전국의 순교자는 8천 명이었다. 이를 근거로 계산하면, 서울에서 순교한 신자들은 모두 2,843명으로 추산된다. 그 가운데 절두산에서 순교한 신자들은 177명으로 추산된다는 내용이 한국천주교회사연구소가 엮은 절두산 순교성지 이야기에 실려 있다.

'절두산 순교성지'라는 표현에는 천주교 신자들을 처형한 장소가 바로 절두산 꼭대기이기 때문이라는 속설이 작용하고 있다. 오래전부터 이 지역에 살던 노인들의 말을 바탕으로, 절두산 꼭대기에서 신자들의 목을 칼로 쳐서 그 시신을 강물에 던져 버리거나, 한 오랏줄에 여러 명의 신도들을 묶어 산 채로 낭떠러지 밑 강물로 밀어 죽이거나, 창호지를 얼굴에 붙이고 물을 뿌려 숨 막혀 죽게 한 다음 그 시신을 강물에 던지기도 했다는 설이 마치 사실처럼 전해 내려왔다.

바로 이러한 이야기를 근거로 절두산 꼭대기에 순교자 기념탑을 세웠고, 뒤에 그것을 헐고 어렵사리 기념관과 성당을 지었던 것이다. 그러나 이는 어디까지나 전해 내려오는 이야기일 뿐, 사실은 그 옆 양화진 바로 앞 길가의 평지가 사형 집행 장소라는 것이 교회 쪽 자료에 밝혀져 있다.

절두산 꼭대기는 수십 명의 관계관들이 참석한 가운데 사형을 집행하기에는 너무나 비좁을 뿐 아니라, 군인을 많이 모아놓고 목을 베어 뭇사람들에게 경각심을 불러일으키기에도 합당하지가 않다.

1884년 12월, 김옥균은 개화당 동지들과 정치개혁을 목적으로 갑신정변을 일으켰다가 삼일천하에 그친 뒤 일본으로 망명했으나 냉대 받고, 이홍장과 담판하고자 상해로 갔다가 암살당한다. 그의 시신을 옮겨와 능지처참한 일도 양화진에서 일어났다. 1894년 4월 13일, 시신의 목과 손, 발을 잘라 매달고, 손과 발을 하나씩 전국 팔도에 돌아가며 매달도록 조치하고, 목은 양화진에 '대역부도 옥균'이라고 쓴 표찰과 함께 매단 것도, 무엇보다 양화진

이 사람들의 통행이 많은 나루였다는 사실과 무관하지 않았을 것이라는 주장은 매우 타당해 보인다.

실제로 절두산 순교성지라는 명칭은 천주교회의 신앙표현일 뿐으로, 1997년 11월에 이 일대가 국가 사적(제399호)으로 지정되었을 때 '양화나루·잠두봉' 으로 사적 명칭이 정해졌다. 잠두봉이란 그 산이 누에가 머리를 들고 있는 모양이라 하여 붙어진 옛 이름을 한자식으로 표기한 것이다. 《동국여지승람》과 《세종실록》에는 '가을두'(加乙頭)라고 기록되어 있는데, 이는 원래 우리말의 '들머리', 곧 머리를 높이 든 형상을 가리킨다. 지금도 그 근처에서 대대로 살아온 노인들은 이곳을 '덜머리' 라고 하는데, 이는 '들머리' 가 변한 것으로 보인다. 봉산탈춤에 보면 미얄할미가 전쟁통에 영감을 잃고 찾아다니다가 재회하는데, 그 사이에 영감은 젊은 시앗을 데리고 산다. 그 이름이 바로 덜머리집인데, 거기에는 용산이라고 되어 있다. 이곳이 용산과 지척간인 데서 온 합성어임에 틀림없다. 실제로 《동국여지승람》에는 이곳이 형세가 용의 머리 모양 같다고 하여 용두봉이라고 불리기도 했고, 그냥 '용산' 이라고도 했다고 씌어 있다.

이곳은 실제 대대로 명승지로 알려진 장소로서, 특히 중국 사신들은 이곳 경치와 뱃놀이를 잊지 못해 여러 편의 시로 그 풍광을 써 남겨 놓았다. 그 명승지가 목을 잘린 곳을 뜻하게 되었으니, 참으로 역사란 아이러니컬하다. 지금도 그 앞을 지나는 강변북로로 말미암아 실제로 이 봉우리는 목이 잘린 형국이라 몹시 민망하다. 그러나 바로 그와 같은 아이러니 속에 그곳이 한국의 천주교회의 성지가 되었으니, 이는 섭리라고밖에 달리 말할 도리가 없겠다.

　전해 내려오는 이야기 때문에도 그랬겠지만, 이곳을 찾는 순례자들이 끊이지 않자, 한국순교자현양회가 병인박해 때 순교한 천주교인의 신앙을 드높여 기리기 위해 잠두봉 일대 1,381평을 구입하여, 병인박해 100주년을 맞아 기념관과 성당을 건립하였다. 앞에서도 밝혔듯이, 이곳에서 처형당한 사람은 모두 29명이었고, 그 가운데 이름이 알려진 사람은 22명이다. 이 가운데서도 다섯은 심문과정에서 배교하였으니, 순수한 순교자는 17명이 되는 셈이다. 그러나 추산되는 순교자 177명 외에도 사람에 따라서는 이름을 알 수 없는 순교자들까지 합쳐서 1만 명이라고도 하고, 적어도 수천 명 또는 수백 명이라고도 한다. 학문적으로 규명할 수 있는 숫자에 견주어 엄청나게 부풀려져 있다고 하겠으나, 절두산이라는 명칭이 그러하듯 여기에는 순교자를 존경하는 마음이 깔려 있는 만큼 실제 사람수나 그들의 혐의 내용의 사실 여부는 어쩌면 그리 중요하지 않을 수도 있겠다.

　교회로서는 절두산의 원형을 조금도 변형시키지 않는다는 조건 아래 기념관 설계를 공모하여, 당시 서울대 미대 이희태 교수의 작품이 선정되었다. 그는 성당은 봉우리에, 기념관은 성당 동북쪽의 경사지에 배치했는데, 한국의 토착문화와 전통적인 고유미를 살려내고자 대궐 기둥 같은 회랑의 원기둥, 박 덩이가 주렁주렁 매달려 있는 초가집 지붕 같은 추녀, 조상들이 쓰고 다니던 갓 모양 등이 활용되었다. 남쪽의 둥근 통집과 그 위에 얹힌 갓 모양의 지붕, 그리고 그 북쪽 건물의 평평한 지붕 끝에 곱게 휜 추녀들이 흰색을 주조로 한 배색과 함께 주변 풍광과 아주 잘 어울리면서 기능적이기도 하다.

역시 서울대 미대교수였던 김세중이 만든 종탑의 순교자상과 대리석 제대, 성당 내부의 십자가, 성체 감실 등도 성스러운 분위기를 자아내는 데 크게 도움이 된다.

또한 서울대 미대 교수인 윤명로가 박물관에 걸 모자이크 〈순교〉를 제작했고, 800호 크기의 병인순교 유화는 정창섭 교수의 작품이다.

성당 내부 제단 위 천장은 십자가를 중심 주제로 삼았다. 제대 위의 천장을 바치는 기둥 세 개는 처음에는 없었는데, 시멘트 구조물이 한꺼번에 무너져 내릴 뻔하여 뒷날 보강한 것이라는 일화도 있다.

1967년 10월 21일 병인순교 100주년 기념성당과 기념관이 준공되었다. 착공 1년 7개월 만이었다. 제대 옆 성체 감실을 비추는

절두산 성당의 내부 모습. 웅장하지는 않지만 엄숙한 분위기가 느껴진다.

내리닫이 조명등이 인상적인데, 부채꼴 모양으로 퍼져 나가는 성당 내부에서 초점이 되기도 한다. 기념성당과 기념관은 총 459평으로, 본 건물 3층(1층 53평, 2층 130평, 3층 142평, 총 325평)과 종탑(35평), 기념성당(99평)으로 구성되어 있다.

기념성당의 제대 쪽 둥근 벽을 따라 북으로 구부러져, 돌층계를 몇 단 내려가면 10평 남짓한 지하실이 있다. 높이 약 6척의 화강암으로 된 서양식 유해 안치소인 성해실(聖骸室)이다. 병인박해 때의 순교자 11명과 기해박해 때의 순교자 5명 등 16명의 유해를 모셨다가 현재는 27위 순교성인들과 이름 없는 순교자 한 분의 유해를 모시고 있어, 성지를 찾는 순례자들의 신심(信心)을 일깨워 준다. 성당 천장 스테인드글라스는 바로 이곳과 일직선을 이룬다.

이곳을 찾은 순례자들 가운데는 1984년 5월 한국교회 창설 200주년을 맞이하여 한국을 찾은 교황 요한 바오로 2세를 빼놓을 수 없을 것이다. 그는 김포공항에서 서울로 들어서자마자 가장 먼저 이곳 절두산 성지를 찾았는데, 그 며칠 뒤 한국성인 103위가 탄생했다. 참으로 모두에게 감격스러운 일이었을 것이다.

기념관의 2층과 3층은 기념박물관으로 활용되고 있다. 1920년대부터 수집된 교회 유물이 6.25전쟁을 겪으면서 거의 분실되었지만, 현양회가 다시 유품을 모아 그 일부를 이 순교기념관에 기증하여 수장·전시하고 있다. 여기에는 서적류 1,258책, 지본(紙本) 193점, 교회사적 유물 750점, 민속도자기 186점, 민속품 151점, 사진류 295점, 회화 155점, 야외 전시물 45점 등 총 3천여 점이 소장되어 있다 한다. 성인 김대건 친필 서한을 비롯해, 그 유명한(또는 악명 높은) 〈황사영 백서〉(黃嗣永 帛書) 동판, 다성(茶聖)으로 불리는 초의선사가 그린 다산 정약용(요한)의 초상화, 여러 신부들과 주교들의 유품들, 박해시대의 순교자 무덤을 후세에 길이 알리기 위해 사발을 이용해 이름을 적어 관 앞에 묻은 묘표, 안중근 의사 관계 자료 등이 눈에 띈다. 그밖에도 이벽, 이가환 등 천주교와 관련된 조선시대 후기 학자들의 유물이 있다. 기념관 입구에 있는 이순세 교수의 부조 작품들이 품위를 더해 준다.

절두산 성지 안의 성모동산.

이제 성모동산 이야기를 할 때가 되었다. 이 성모동산은 1973
년 8월 15일에 기념관 건물 동쪽 끝부분의 폭이 너무 좁아서 건물
이 불안정해 보이는 것을 막기 위해 흙을 덧쌓고 자연석을 활용
하여 만든 동산에 성모상을 모셔, 성지를 순례하러 오는 이들에
게 경건한 마음과 기도하는 분위기를 불러일으키는 데 도움이 되
게 한 것이다. 이 성모상은 12년 동안 사랑을 받아오다가, 1985년
봄에 교황 요한 바오로 2세의 방문을 준비하면서 서쪽 후원으로

옮겨지고, 그 대신 서울대 미대 최종태 교수가 화강암으로 만든 초현대적 성모상이 들어섰다. 이를 길상사의 관세음보살상과 비교해 보는 것도 흥미롭다.

1978년 7월에 이 동산 남쪽에 성모동굴(마사비엘)이 꾸며졌다. 여기에는 1858년 3월 25일 성모님이 프랑스 남쪽 루르드에 있는 동굴(마사비엘)에서, 벨라뎃다에게 나타나서 당신이 원죄 없이 잉태되었다고 말씀했다는 것을 기념하는 뜻으로, 세계 각국에서 이를 본 딴 동굴을 만들게 되었다는 일화가 배경을 이룬다.

천주교는 '성모 발현'이 20세기에도 일어났다고 믿고 있다. 2005년 2월 14일에 97세로 타계한 루치아 수녀가 열 살 때인 1917년, 포르투갈의 빈촌 파티마에서 5월부터 10월까지 매월 13일에 여섯 차례에 걸쳐 성모 마리아의 발현을 목격했다고 로마교황청에서 인정한 바 있다. 그녀가 이때 제2차대전 발발 등 세 가지 대 예언을 들었다는 것이다. 교황 요한 바오로 2세는 1981년 발생한 암살 기도 사건에서 살아남은 것을 '파티마 발현'의 공으로 돌린 적도 있다.

기념관 밖에는 이 밖에도 여러 가지 야외 전시물이 있다. 기념관 동쪽 뜰에는 거대한 김대건 신부 동상이 십자로 끝에 서있는가 하면, 참수되어 떨어진 목을 다시 몸통 위에 받쳐 놓은 형상의 3인 가족 순교자상(최종태 작품)이 숙연한 분위기를 자아낸다. 그런가 하면, 충남 아산군 동천리에서 옮겨온 오성바위가 있는데,

절두산 성당을 내려다 보고 있는 김대건 신부의 동상.

순교자들이 붙잡혀 서울로 압송될 때 쉬었다 간 바위라고 한다. 이 밖에도 이 절두산 부근에는 한국에서 활동하다가 사망한 외국인들의 묘지가 있다. 1893년부터 외국인들이 묻히기 시작한 양화진의 외국인 묘지에는 현재 555명의 유해가 안장되어 있다. 그 가운데에는 1890년 고종의 시의(侍醫)였던 존 헤론을 필두로 이준 열사 등과 헤이그 밀사로 파견되었던 헐버트, 최초의 크리스마스 씰을 만들어 결핵퇴치에 이바지 한 서우드 홀,《대한매일신보》를 간행한 영국인 어니스트 베델, 개신교 선교사 언더우드[2]와 아펜젤러, 이화학당 설립자 스크랜턴, 그리고 성공회 터너 주교 등이 포함되어 있다.[3]

한국의 최근세사, 특히 외교관계사와 얽힌 사연들과 천주교라는 이방종교가 이 땅에 뿌리 내리는 과정에서 희생된 개개인과 교회라는 무리가 겪은 수난들을 되새겨보는 동시에, 최고를 자랑하는 예술가들이 그들의 신심과 예술적 경지를 최대한 발휘한 각종 예술작품들을 둘러보고, 갖가지 유품들이 말해주는 숨은 이야기에 귀를 기울여본다는 것은 딱히 천주교인들에게뿐만 아니라,

---

2) 언더우드는 이 근처에 여름별장을 마련하여 성서를 번역하고, 봉사자들을 만나기도 했다. 또한 한강에서 물놀이, 뱃놀이를 하고 밤에는 바이올린에 맞춰 찬송을 불렀다는 기록도 있다.
3) 마포구는 두 공원 사이에 있는, 쓰레기장으로 변질되었던 곳을 39억 원을 들여 인근주택을 사들이고 지하에 주차장을 지으면서 '양화진 성지공원'을 만들었다.

사람이 빵만으로 살 수 없다는 가르침에 귀 기울이는 모든 사람들에게 지극한 은총이 아닐 수 없다.

부디 더 이상 주변경관을 망가뜨리는 일이 없기를 바라면서 매서운 바람을 등졌다. 그러나 마음속은 올 때보다 한결 따뜻하다.

숭실대학교 한국기독교박물관 신축이전개관 2004.4.8
한국기독교박물관
KOREAN CHRISTIAN MUSEUM

6 숭실대 기독교박물관 이야기

숭실대학교 한국기독교박물관을 제대로 이해하자면 그 사이에 김양선(金良善)이라는 인물을 채워 넣어야 한다. 이 박물관은 순전히 그의 뜻에 따라 만들어진 것이기 때문이다. 그렇다고 해서 숭실대학교의 비중이 가볍다는 것은 아니다. 그렇기는커녕 숭실대학교 없이는 김양선도, 한국기독교박물관도 애당초 존재할 수 없었다고 해도 지나친 말이 아니기 때문이다. 그러기에 숭실대학교 이야기에서부터 이 글을 시작하는 것은 당연하다.

숭실대학교는 1897년 1월 10일 미국 북장로교 소속 베어드

(William M. Baird) 부부가 그들의 선교사 사택 사랑에 13명의 학생을 모아 숭실학당을 발족한 것을 단초로 삼는다. 이 땅에 그리스도의 복음을 전파할 수 있는 참된 교사와 교역자의 양성을 설립목적으로 한 중등교육기관이다. 설립 다음 해 가을학기에는 학생모집 공고를 내, 응시자 60명 가운데 18명을 뽑았고, 1900년 가을 신학기부터는 수업연한 5년의 중학교로 발전했다. 그리고 1904년 5월 정규 중학과정을 이수한 3명의 졸업생을 배출한 뒤, 1905년에 우리나라 최초로 대학과정교육을 실시한다. 드디어 1906년 9월, 2학급 12명의 학생으로 대학부를 설치하니, 장로교와 감리교 선교부가 합동으로 학교경영에 참여한다 하여, 학교 이름도 영어로 'Pyeng Yang Christian College' 라 하였는데, 우리 이름은 '평양숭실대학' 이다.

《조선교육대관》(중) 평안남도편(조선교육대관발행소, 1932, 7쪽)을 보면, '숭실전문학교' 연혁에 "숭실대학은 곧 본교의 전신으로. 숭실대학은 다이쇼(大正) 원년(1912)에 조선 총독의 인가를 얻으니, 조선에서 대학의 명칭은 이것을 효시로 한다"라고 기록되어 있다.

그러나 선교사들의 노력만으로 이 대학이 성립된 것은 아니다. 이 대학의 설립은 졸업생을 비롯한 한국인들의 대학교육에 대한 열망에 부응하여 계획되었고, 당시 기독교 신자를 중심으로 평양 주민들의 엄청난 모금으로 이룰 수 있었다. 대한제국 시절

항일신문으로 유명했던 《대한매일신보》는 1906년 7월 13일자 〈평양대학교 설립을 축하함〉이라는 장문의 기사에서 "근대에는 예수교회에서 대학교를 설립하는데, 일반 남자들의 의연은 의례히 있는 일이거니와, 동지(同地)의 부녀들은 금은반지, 패물 등속을 이름도 밝히지 않고서 앞다투어 기부하여, 며칠이 되지 않아 수천 원에 이르렀다 하니, 이러한 의협의 기풍은 세계 열국에서도 많지 않은 일이니, 이 나라 안에서는 더할 나위 없는 것이다"라고 쓰고 있다. 그러나 한국에 한국인을 위한 대학을 두지 않으려는 일제의 방침과 술책으로 말미암아 숭실대학은 1925년에 숭실전문학교로 격하되었다.

김양선이 이 숭실대학에 입학한 것이 1926년 봄이니, 학교 이름이 숭실전문학교로 바뀐 뒤였다. 학교 안의 분위기가 반일적이었음은 넉넉히 짐작되는 바지만, 그가 민족운동에 관심을 가진 것은 이미 중학교 때부터라고 한다. 신성중학교 5학년이던 시절, 여름방학 때 남만주

지방을 여행하다가 길림성 일대에서 활동하던 정의부(正義府) 등 독립운동단체들을 목격하고 이에 투신할 결심을 가졌다는 것 이다.

그러나 그가 정작 민족독립운동에 가담한 것은 숭실대학의 항 일전통을 이어받은 이 전문학교 때였다. 숭실중·대학의 재학생 과 졸업생들은 을사보호조약 반대운동, 105인사건, 국민회(비밀 결사)운동, 3·1운동 등을 전개해온바, 1918년 평안남도 경무부 장은 이미 '비밀결사 국민회 발견 처분건'에서 "동교에 불온사 상이 횡일하고 있는 것은 명료하며, 동교에 대하여는 근저로부터 개선을 가할 필요가 있다"고 결론내리고 있다.

김양선은 2학년 때(1927년) 항일 비밀결사 청구회에 가입하여 광주학생운동에 호응하는 평양학생 만세시위를 주도했다. 당시 숭실학교를 휴학하고 평양신학교 입학을 준비하던 김양선은 포 고문과 태극기를 만들어, 이를 각급학교 간부들에게 전달하는 일 을 맡았다. 이때 유치원 보모였던 한필녀라는 평생동지를 만난 다. 그는 1931년에 한 살 위인 그녀와 결혼한다. 김양선은 이로 말미암아 1년 6개월의 형을 언도받고, 8개월 동안을 평양감옥에 서 보낸다. 그는 또한 신사참배 거부운동의 주모자로 체포되어 1938년과 1939년, 두 해에 걸쳐 9개월 동안 감옥생활을 반복하기 도 하고, 1942년에는 요시찰인물로 예비검속되어 6개월 동안 옥 고를 치르기도 한다.

그는 1932년에 평양신학교에 입학하여 이듬해에 졸업한 뒤, 다시 1934년에 숭실전문학교에서 학업을 마치고 졸업한다. 그가 이처럼 기독교학교에서 초중등교육과 대학교육을 마친 것은 그의 가문과 깊은 관련이 있다.

그는 1907년 평안북도 의주에서 태어났는데, 아버지가 김관근 목사요, 어머니가 백관성 권사다. 외조부 백홍준은 청년시절에 약 행상을 하는 동료들과, 1873년에 만주 우장에서 한국선교를 준비하고 있던 로스(John Ross) 선교사와 맥킨타이어(John MacIntyer) 선교사를 만나 1876년에 세례를 받고 한국 최초의 장로교 신자가 된다. 백홍준은 동료 3명과 함께 한문성경을 한글로 번역하는 작업에 들어가서 1882년에 〈누가복음〉과 〈요한복음〉을, 1887년에 예수성교전서라는 제목의 신약성서를 발간했다. 그는 뒤에 서울에 와서 언더우드(Horace G. Underwood) 선교사의 성경반에서 공부하고 한국인 최초의 유급 전도사가 되어 관서지방에 교회를 세워나간다.

김양선의 조부 김이련도 백홍준과 절친한 친구 사이로 그를 통해 예수를 믿기로 마음먹고 1889년에 압록강변에서 세례를 받는다. 김양선의 아버지 김관근은 평양신학교를 졸업한 뒤 목사가 되는 한편, 안창호·안중근 등과도 깊은 교제를 가졌다. 김양선이 다니던 중원학교(의주), 정록중학교(용천), 그리고 신성학교(선천)등도 모두 김관근이 세운 학교이다.

비록 6살에 아버지를 잃었지만, 학생 시절 집에서 최초의 한글 성경인 《예수성교전서》, 최초의 찬송가집 《찬양가》, 최초의 교회 신문 《그리스도신문》 등 500여 권의 한국 초기 기독교 관계 귀중한 서적들을 본 적이 있고, 뒷날 이러한 자료들의 가치에 주목하게 된 것도, 그의 기독교적 가계(家系)를 감안할 때, 너무나 당연하다.

그러나 그런 집안에서 태어났다고 해서 누구나 다 그와 같은 학자가 되는 것은 아니다. 거기에는 남다른 계기가 있었다. 바로 그가 숭실전문학교 3학년이 되던 1928년 어느 여름날, 스승인 양주동 선생 댁을 방문하여 "우리는 우리 조상들이 부르던 노래를 조사하여 민족의 얼을 찾아내어 그것을 후손들에게 전해야 할 책임이 있다"는 말을 듣게 된 인연이다. 양주동 선생은 전공하던 영문학을 그만두고 우리나라 옛노래〔古歌〕 연구에 열중하면서 많은 자료들을 수집했는데, 김양선은 그의 서재에 가득 찬 한문고서들에 압도된 것이다. 그해 여름방학, 고향집으로 돌아온 그는 외조부, 조부, 부친이 쓰던 책들을 살피고 목록을 만들면서 신학을 공부하여, 이런 것들을 체계적으로 연구하기로 결심했다.

그렇다고 해서 그가 기독교사 관계 자료에만 관심을 둔 것은 아니었다. 그는 양주동 선생이 별로 신통해 보이지도 않는 고려 자기 접시를 몇 개 책상머리에 놓고 "좋다"를 연발하는 모습을 접하면서, 자신도 평양 '미가도' 옆에 있는 '낙랑호' (樂浪號)라는 골동상에 드나들게 되었다고 술회한다. 특히 일본인들의 손으로 넘어가는 우리 문화재들을 어떻게 해서든지 막아보자는 일념이 그의 고고학 연구의 시발점이 된 셈이다.

이처럼 김양선의 민족에 대한 관심이 기독교사와 한국고고학의 자연스러운 결합을 가져오면서 실(實)을 숭(崇)하는 숭실대학교 한국기독교박물관을 가능케 한 원동력이 된 것이다.

김양선은 연구를 위하여 모은 자료를 가지고 박물관을 만들고, 한국기독교문화를 언제든지 한눈으로 볼 수 있게 진열하여, 기독교 사회봉사의 아름다운 점을 전 국민에게 알리고자 한국기독교박물관을 세웠던바, 해방이 되면 남산 조선신궁터에 기독교박물관을 세우겠다는 소원대로 미군정청 군정관 고문으로 있던 원한경 박사의 도움으로 그 자리에 기독교박물관을 세우는 데 성공한다. 그러나 북한에 있는 유물들을 반입하기 위해 네 번째로 북한으로 떠난 아내와 어린 딸이 1947년 4월 해주 앞바다에서 인민군에게 희생되고 만다. 이어서 발발한 6·25사변으로 유물들이 파괴되고 일부는 일본으로 옮겨졌다가 결국 1967년 10월에 숭실대학교에 자리 잡게 된다.

윤경로 교수(한성대, 한국기독교역사연구소 소장)는 2004년 4월 기독교 박물관 신축이전 개관 기념강좌에서 김양선의 연구방법과 역사인식이 엄격한 실증적 사실에 근거하면서, 주체적 인식, 곧 한국기독교의 역사를 외국 선교사의 한국기독교 전래사가 아니라, 한국인의 복음수용사로 구명했다는 데 사학사적으로 높이 평가할 만하다고 했다. 이를 좀더 풀어쓰면, 다음 네 가지로 요약된다.

첫째로, 한국기독교사의 연원을 멀리 통일신라시대의 경교(景敎, 일명 네스토리우스파)의 전래에서 찾고 있다는 점이다. 문헌 고증학적 방법 외에 불국사 석가탑에서 나온 돌 십자가와 마리아 성모석상 등 구체적으로 유물을 제시하는 박물학적 방법을 동원하여 한국의 기독교 전래와 수용의 흔적을 1천년 이전으로 끌어올려보는 견해는, 아직 경교를 기독교사로 받아들일지 아닐지 논란 속에 있지만, 일단 뛰어난 견해로 받아들일 만하다는 것이다.

둘째로, 한국기독교사를 개신교사로 제한하는 인식의 틀을 넘어서서, 그 전에 수용된 한국 천주교의 역사성을 인정한다는 점이다. 다시 말해, 통전적(通全的) 안목으로 한국기독교 역사를 기술하였다.

셋째로, 일반사(一般史)와 함께 교회사를 서술하고 있다는 점이다. 그는 1890년대 한국교회의 급성장 요인과 배경을 당시 시대상황과 관련시켜 입체적으로 기술했던바, 무능한 정부와 부패 관료의 학정 속에서 실시된 타율적인 갑오개혁에 실망한 많은 이들이 기독교계 학교와 교회가 실시하고 있던 신앙과 도덕, 생활

개선과 같은 교육을 받으면서 기독교 공동체에 들어와 민족적 자각과 함께 기독교의 지도자로 성장했다는 점을 강조한다.

넷째로, 주체적 사관에 따라 한국기독교 역사의 주체를 한국과 한국인으로 자리매김했다는 점인데, 이는 앞에서 이미 언급했으므로 자세한 설명은 생략하기로 한다.

위에서 말한 특징들은 그가 수집한 자료들로도 넉넉히 입증된다. 그는 한국기독교 관계자료, 기독교와 함께 수용된 서구과학의 관계자료, 기독교인과 관련된 한국민족운동 관계자료, 그리고 한국문화의 연원을 밝히는 방대한 고고학 유물을 수집하여 연구하고, 이를 보관하고자 박물관을 설립한 한국 기독교박물관의 창설자였던 것이다. 그는 유영렬 교수(숭실대, 한국민족운동사학회장)가 요약한 대로, 한국기독교가 민족의 역사 현장에서 어떠한 구실을 했는지 탐구한 한국기독교사 연구의 개척자이고, 한국기독교와 함께 전래된 서학의 토대 위에서 실학이 어떻게 전래되었는지를 연구한 한국 실학연구의 선구자이며, 우리 민족문화의 연원을 밝히기 위해 한국 고고학연구 분야를 새롭게 연 사람이었다.

총건평 956평 가운데, 지하 2층과 지상 3층에 소장된 약 7,300점(전시물 약 1,050점)의 유물들도 이와 같은 연구 방향에 따라 분류될 수 있는데, 고고미술실에는 그가 수집한 유물들과

1960년대부터 이 박물관이 수행한 여러 유적을 발굴하는 가운
데 출토된 유물들이 전시되어 있다. 고대를 중심으로 한국문화
의 발전과정을 이해할 수 있도록 하는 한편, 고대문화가 발전하
는 과정에 깊은 영향을 준 낙랑유물들도 모여 있고, 청동거울을
비롯한 고려시대 유물과 양반문화를 엿볼 수 있는 조선시대 유
물도 전시하여, 고대 이후 한국문화의 흐름을 쉽게 이해할 수
있게 했다.

특히, 신석기시대의 대형 빗살무늬토기와 한국 청동기의 제작
과정을 알려주는 청동기 거푸집과 가장 정교한 기하학적 무늬를
뽐내는 청동잔무늬거울은 이 박물관의 자랑거리다. '다뉴기하문
경'은 국보 141호로 지정되어 있다.

한국기독교역사실에는 한국기독교 역사의 전사(前史)에 해당
하는 경교 유물을 시작으로 '천주교의 수용과 박해', '개신교의
수용과 발전', '기독교가 한국사회에 공헌한 내용'을 보여주는
유물들이 전시되어 있다.

경교는 431년 에베소공의회
에서 이단으로 정죄(定罪)된 이
후 페르시아 지방에서 7,8세기
중국에 전래되어 유행했던 기
독교의 일파로서, 당시 당(唐)
과 밀접한 외교관계를 유지했

경교의 역사를 살펴볼 수 있는 돌십자가.

118

한국기독교 역사실 내부.

던 통일신라에도 유입되었을 것으로 추정된다. 경교 선교사 알로펜(Alopen)이 635년 당나라 수도 장안(지금의 서안)에 도착하면서 중국의 경교 역사가 시작되는데, 대진사(大秦寺)가 그 본산이다. 우리나라에서는 태종이 승려 21명을 배속하는 등 경교에 대해 우호정책을 취하면서 150여 년 동안 크게 유행하다가, 845년 외래종교에 대한 반감이 일자, 금교조치 되었다. 400여 년이 지난 원(元)대에 선교사들이 들어오면서, 경교는 '야리가온' 이라는

한국기독교 역사실에는 경교의 역사를 살펴 볼 수 있는 자료들이 전시되고 있다.

이름으로 다시 유행하여 경교사원이 72군데나 세워졌지만, 명대에 들어서서 완전히 자취를 감추었다. 경교는 예배를 볼 때 목탁을 치고 사제들이 삭발하는 등 토착종교인 불교의 교리를 절충하면서 발전했는데, 이 박물관에서는 통일신라시대의 십자무늬 장식들이 앞에서 말한 경교(景敎)돌십자가와 마리아상과 함께 이채를 띠고 있다.[4] 또한 금강산 경교유행중국비 탁본과 경교성서도 있는데, 전자는 경교의 동양전래설을 주장했던 고든(E. A. Gordon) 여사가 우리나라 경교 전래를 밝히기 위한 연구기념으로 1916년에 금강산 장안사 입구에 중국의 경교비(781)를 모방하여 세운 것을 김양선이 탁본한 것이다. 대진경교유행중국비에는 "진상(眞常)의 도(道)는 현묘(玄妙)하여 이름짓기 어려우나 그 공용(功用)이 소창함을 보아 감히 경교라고 칭한다"는 구절이 들어 있다. 이처럼 이 비는 중국어와 시리아어로 경교의 선교 내력과 당시의 선교 현황을 736자 정도로 소개했는데, 송대 초 돈황불동에서 발견된 경교 경전들 가운데 하나로 1931년에 영인한 경교성서와 함께 경교 연구에 좋은 자료가 된다. 이 성서는 알로펜이 번역한 것으로 알려져 있는데, 신의 명칭을 일신(一神)으로 표기하고 있다.

---

4) 경교를 대진경교(大秦景敎)라고도 하는데, 431년에 이단으로 몰려 추방된 네스토리우스 일파가 시리아, 이란 등지를 거쳐 당 태종 9년(635년)에 중국에 도착하여 선교하면서 비롯된 이름이다.

이어 한국천주교의 형성과 박해를 증언하는 여러 서물(書物)들과 초기 천주교 성찬기, 초기 천주교인의 유일한 초상화인 정약종(1760~1801)의 초상화와 이를 그린 사람으로 추정되는 이희영의 〈개그림〉을 비롯한 많은 유품들이 전시되어 있다.

'개신교의 수용과 성장' 부분에서는 한국에 기독교가 들어온 것이 1832년 7월에 한국에 온 독일 출신의 네덜란드 선교사 귀츨라프(Karl Friedrich August Guezlaff)가 효시임을 밝혀주는 자료인 《전도여행기(Journal of three voyages along the coast of China in 1831, 1832 and 1833)》가 흥미롭다. 그는 한국선교를 위해 영국 상선을 타고 황해도 장산곶 부근에 도착하여 한역성서 전파를 시도하였고, 감자 종자와 재배법을 가르쳐 주었다. 그는 국왕에게 통상청원문서와 선물을 보냈으나 거절당했다. 이 전도여행기는 개신교 선교사 도래의 효시가 되는 증거물로서 의미가 큰바, 한국기독교는 1894년 9월 제물포에 도착한 알렌(H. N. Allen)과 이듬해 4월 도착한 언더우드와 아펜젤러의 본격적인 선교에서 그 역사를 헤아리지만, 이미 귀츨라프 외에도 1866년에 이 땅에서 첫 순교자가 된 영국 선교사 토머스(Robert Jermain Thomas)도 있다. 런던선교회 소속인 그는 제너럴셔먼호 사건으로 순교하는 1886년까지도 한문성서를 전하며 복음전도사로서의 사명에 충실하고자 했다.[5]

또한 그보다 훨씬 앞선 1816년 영국 군함 두 척이 한국의 서해

안을 탐사하고 성경
한 권을 기증한 일이
있는데, 이것이 성경
의 한국 전래 효시이
다. 이 성경을 건네
준 리라(Lyra)호 함
장 홀(Basil Hall)은
영국으로 돌아가

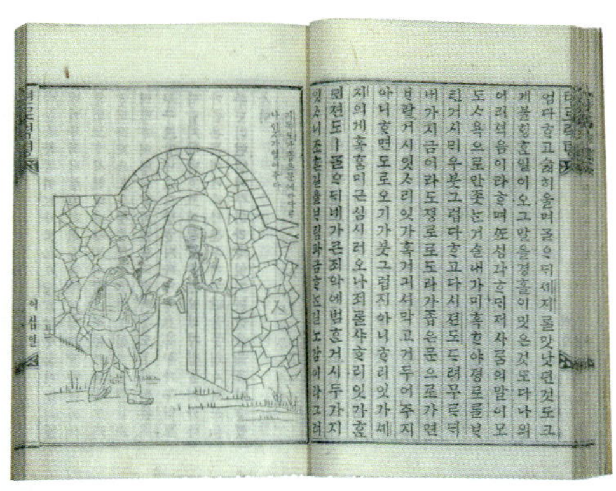

영국인 존 버니언이 쓴 종교적 우화소설을 조선의 풍습과 문화에 맞
춰 번역한 '천로역정'.

《한국여행기(Voyage to the West Coast of Corea)》를 펴냈는데, 그
삽화들이 흥미롭고 기발하다. 그러나 그림이 흥미롭기로는 게일
(A. D. Gale)이 번역한 《텬로력뎡(The Pilgrim's Progress)》이 좀더
윗길이다. 영국인 버니언(John Bunyan)이 쓴 종교적 우화소설을
조선의 풍습과 문화에 맞춰 기술한 이 책은 국문으로 번역된 최
초의 작품으로서 한글 신문학의 모태로 손꼽히는가 하면, 김준근
이 그린 풍속화풍의 삽화는 기독교미술의 첫 시도로 평가받는다.
원근법을 사용했고 등장인물이 관복과 갓을 쓰고 있는가 하면,
천사는 한국 고전의 선녀를 연상시키는 모습이다.

　　한국 최초의 서양식 오선보(五線譜)로 구성된 장로교 찬송가

---

5) 평양대동강변에는 김일성의 조부가 제너럴셔먼호의 침공을 막아냈다는 기념
　　비가, 후에 나포한 푸에블로호 근처에 세워져 있다.

한일통상조약체결기념연회도

《찬양가(1984, 언더우드 편)》도 있는데, 여기에는 총 119곡 가운데 7곡의 한국인 저작 가사도 들어 있다.

이 밖에도 근대화와 민족운동사실에는 서학의 수용과 실학의 전개, 천문지리학의 발달과 근대의식의 성장, 한국근대민족운동, 그리고 일제 식민통치와 민족운동에 관한 귀중한 자료들이 많이 수집, 전시되어 있다. 그 가운데에는 안중식이 그린 〈한일통상조약체결기념연회도〉도 있는데, 한복 차림의 외교 고문이었던 독일인 묄렌도르프부부, 김옥균, 홍영식, 일본공사 다케조에 등의 모습이 눈에 띈다. 건너편 조선 측 인물을 일본 측 인물보다 두 배 가까이 크게 그린 화법은 당시 유행을 따른 것이라고는 하나, 혹여 다른 뜻이 깃들어 있는지도 모르겠다.

또한 김정호의 〈대동여지도〉 판목과 1603년에 마테오리치가 제작한 8폭의 병풍으로 된 세계 유일본의 세계지도 〈양의현람도〉(兩儀玄覽圖)도 있는데, 단지 이것을 보기 위해 서양 학자들이 한국을 방문한 적도 있을 정도다. 그런가 하면 안익태가 서명한 애국가 악보도 있는데, A장조로 가사 없이 선율만 그려져 있다.

마지막으로 숭실역사실이 있다. 이곳에는 1937년에 신사참배에 반대하여 폐교원을 제출한 뒤 이듬해 폐교되기까지의 역사기록과, 1954년 서울에서 영락교회를 임시 학교건물로 재건한 숭실대학이 개교(초대학장 한경직)한 이후의 관계 주요 자료들이 들어있다. 개인적으로는 내 처외조부, 백기환이 설계한 숭실학교 강당의 자료도 있어 감회가 깊다. 그분은 국립현충원의 독립지사묘역에 안장되어 있다.

1967년 10월 10일 한국기독교박물관이 숭실대학교에 자리 잡게 되면서 김양선 목사가 남긴 다음과 같은 문장은 이 박물관의 지표로 오랫동안 기억될 만하다.

이 일을 위해 나는 세상에 태어난 것입니다. 여기에 전시된 모든 것들은 내 것이 아니라 우리 민족 전체의 것입니다. 단지 하나님께서 저로 하여금 이 일을 하도록 하신 것뿐이지요.

김양선 목사는 1944년 목회활동을 할 수 없게 되자, 구성군 신시 선영 아래 3·1운동 관계 사진 30매를 베개 속에 넣어두었고, 안중근 의사의 옥중 유필과 태극기는 이불 속에 감추었으며, 폐교된 숭실전문학교의 대리석 간판은 다리미판처럼 만들어 보존할 정도로 문화재 사랑에 온힘을 쏟았다고 한다.[6]

앞으로도 이 박물관을 찾는 많은 이들 가운데 더 많은 김양선들이 태어나 한국기독교가 인류문화에 크게 공헌할 수 있기를 진심으로 기원하면서, 한경직기념관과 나란히 서 있는 이 뜻 깊은 한국기독교박물관을 뒤로 했다.

6) 유영렬, 《한국 기독교 사학자 김양선》, 서울: 숭실대 출판부, 2001 참조

경동교회

7 경동교회 이야기

어쩌다가 밤에 비행기에서 서울 시내를 내려다보면 '영락없이 공동묘지' 더라고 푸념하는 사람을 만난 적이 있다. 교회 꼭대기에 달린 붉은 십자가들이 너무 많이 넘쳐나는 것을 비꼬는 말인 줄 안다. 그 숱하게 많은 교회들 가운데 경동교회를 손꼽을 바에는 그럴 만한 사연이 있어야 한다. 마치 그 많은 절들 가운데 길상사를 꼽았을 때 그러했듯이. 이를테면 교회꼭대기에 붉은 조명의 십자가가 없다는 것만으로는 부족하다. 여러 가지 이유를 들 수 있겠지만, 그 누구도 일단 그 교회의 건축이 지닌 특징적인 모습을 외면할 수 없을 것이다.

경동교회의 현재 건물은 1981년에 준공된 것인데, 한국 현대 건축가 가운데 손꼽히는 인물인 김수근의 작품이다. 물론 그의 작품이라고 하려면 여러 가지 설명을 덧붙여야 한다. 거기에는 교회를 대표하여 건물의 이모저모를 주문한 강원용 명예목사의 안목이 크게 작용했기 때문이다. 그러나 그 모든 요소들을 정리하여 하나의 작품으로 완성시킨 것은 분명 건축가의 몫임에 틀림없다.

우선 입구부터가 색다르다. 큰 도로와 붙어 있는 건물의 출입구는 보통 도로 쪽에 있게 마련인데, 이 건물은 도로 반대쪽에 있다. 그리고 그 사이에는 긴 오름 계단이 있다. 세속과 거리를 뜻한다고 할 수도 있겠지만, 예수가 십자가를 매고 고난을 당한 그 언덕길을 상징한다고 보는 쪽이 더 그럴 듯하다. 교회 건물의 주된 용도는 예배다. 초월적인 존재와 만나기 위한 준비가 이 계단에서 이미 시작된다고 보아야 한다.

건물의 외관은 마치 기도하는 손을 연상시키고, 그 마감 재료가 흙을 빚어 구운 크고 작은 모양의 벽돌로서 "인내를 통한 연단"(鍊

건축가 고 김수근의 경동교회 스케치

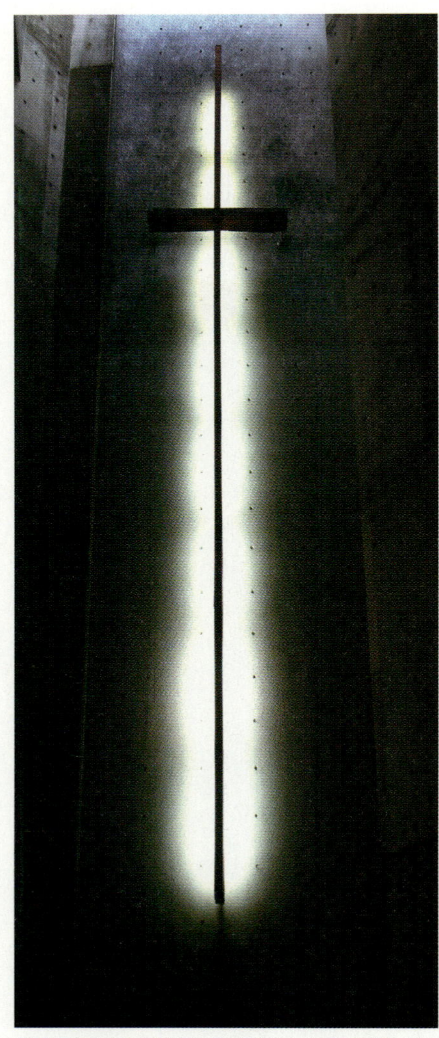

경동교회 본당에 들어서면, 우선 전면에 설치된 거대한 십자가가 눈에 띈다. 이 십자가가 유난히 눈에 띄는 것은 그 크기뿐만 아니라 그것을 비추는 광선 때문이다.

鍛)(로마5:4)을 떠올리게 하듯이, 이 계단 또한 경동교회를 대표하는 특징들 가운데 하나로 손꼽힐 만하다. 교회를 향해 오른쪽 벽면에는 '구원과 사랑'이라는 모자이크 작품들이 새겨져 있다. 오경환이 만든 작품들로서 무엇보다 수난주간에 걸리곤 하는 복제 성화들과 잘 어울린다.

"진보적 순례자의 길을 걷는다"는 신앙 노선과 일치하는 듯한 이 길을 뒤로 하고 본당에 들어서면, 우선 앞면에 설치된 거대한 십자가가 눈에 띈다. 교회 안에 십자가가 있는 풍경은 당연하지만, 이 십자가가 유난히 눈에 띄는 것은 그 크기뿐만 아니라 그

것을 비추는 광선 때문이
다. 천장에서 들어오는
자연광과 십자가 뒤쪽에
설치된 인공조명이 어울
려 이 건물이 수난당한
예수, 그러나 그의 형상
이 없는 상태로써 상징되
는 부활한 그리스도를 향
한 신앙고백을 위해 존재
한다는 것을 웅변으로 말
해준다. 수직선을 대표하
는 이 십자가와 수평선을
대표하는 천장의 콘크리
트 대들보가 잘 어우러져
있다. 그 십자가를 받쳐
주는 흰색 벽면은 그 밖
의 모든 벽면이 노출 콘
크리트 벽면인 까닭에 더
욱 두드러져 보인다.

문화선교라는 단어는 1970년대에 청년활동의 새로운 활로를
모색하는 가운데 나 자신이 만들어낸 조어이지만 이제는 보통
명사가 된 셈이다. 특히 경동교회의 문화선교활동은 문화전반
에 걸쳐 그 폭이나 규모에서 더욱 두드러진다 하겠다. 경동교회
내부에서 본 스테인드글라스 모습.

마치 로마의 지하묘지교회를 닮은 어두운 실내공간의 전체 크

기에 견주면 설교대가 있는 앞쪽 공간은 약간 좁아 보인다. 거기에는 중앙제단과 설교단, 그리고 성찬대가 배치되어 있을 뿐이다. 경동교회는 일반 개신교회들과 견주어 성찬식을 비교적 자주 하는 편이다. 매월 첫째 주일과 부활절, 성탄절 등 특별 절기 때마다 성찬을 나누는데, 그때는 중앙제단 앞으로 성찬대를 옮겨 성찬의 의의를 좀더 강조한다. 또한 바로 그 앞에 놓이는 배찬대(配餐臺:그리스도의 몸을 대신하는 빵과 포도주를 나누는 식탁)도 될 수 있는 대로 중앙 쪽을 향하도록 비껴서 배치한다. 행여 배찬자들이 신도들과 성소의 상징 사이를 가로막지 않게 하자는 배려 때문이다.

또한 단상에는 설교단 뒤에 작은 의자 하나만 놓여 있다. 보통

경동교회의 단상에는 설교단 위 작은 의자 하나만 놓여 있다. 제단에 권위주의적으로 보이는 의자들을 줄줄이 늘어놓은 다른 교회당들에 견주어, 목사도 일반 신도와 같이 하느님께 예배드리는 신도임을 나타내려는 의도가 엿보인다.

설교자는 하느님의 말씀을 대변하는 예언자의 전통을 대표하면서, 동시에 예배를 주도하는 제사장의 전통을 겸하고 있다. 그러나 루터의 종교개혁에서 강조했듯이, 만인이 모두 절대적인 존재와 만나는 사제임을 의식해서인지 제단에 권위주의적으로 보이는 의자들을 줄줄이 늘어놓은 다른 교회당들에 견주어, 목사도 일반 신도와 같이 하느님께 예배드리는 신도임을 나타내려는 의도가 엿보인다.

이와 같이 신도들의 존재 의의를 중시하는 태도는 예배를 마치고 돌아서서 나올 때 보이는 스테인드글라스(stained glass)에 잘 새겨져 있다. 거기에는 교회 앞면의 거대한 십자가와는 대조적으로 여러 크기와 색상의 십자가들이 새겨져 있다. 이는 흩어지는 교회를 위한 상징이다. "누구든지 나를 따르려는 자는 제 십자가를 지고 나를 따르라"는 음성의 성육신(成肉身)인 셈이다.

전체적으로 제단의 크기가 상대적으로 좁고 작은 데 견주어 파이프 오르간이 차지하는 면적은 상대적으로 넓고 크다. 처음부터 파이프 오르간을 건축할 계획이 있었지만, 재정 형편으로 1992년이 되어서야 건축되었다. 오르간 건축으로 유명한 네덜란드의 펠 앤드 반 리유벤(Pels & van Leeuwen)사의 작품인데, 그 규모가 만만치 않다. 이만한 규모의 파이프 오르간을 건축하려면 아마 불가피한 선택이었겠지만, 비례와 균형을 좀더 고려하지 못

경동교회의 파이프오르간은 오르간건축으로 유명한 네덜란드의 펠 앤드 판 리유벤(Pels & Van Leeuween)사의 작품인데, 그 규모가 만만치 않다. 이만한 규모의 파이프오르간을 설치하자니 아마 불가피한 선택이었겠지만, 비례와 균형을 좀 더 고려했더라면 하는 아쉬움이 아주 가신 것은 아니다. 그러나 이 파이프오르간으로 말미암아 경동교회는 음악을 통한 문화선교에서 단연 두각을 나타낸다.

한 아쉬움이 아주 가신 것은 아니다.

그러나 이 파이프 오르간으로 말미암아 경동교회는 음악을 통한 문화선교에서 단연 두각을 나타낸다. 주변의 직장인들을 선교할 목적으로 시작했지만, 매년 봄·가을에 점심시간을 이용하여 8주 동안 열리는 작은 파이프 오르간 음악회는 한국의 파이프 오르간 음악 발전을 위해서도 적지 않게 공헌하고 있다. 이 음악회 출연자의 대다수가 경동교인이 아닌 신인·중견음악인들로 구성되어 있는 것만 보아도 그러하다. 여기에는 채문경 교수의 구실이 크다.

이왕 음악 이야기가 나왔으니 잠시 현재의 등록교인들 가운데 음악전문가들을 살핀다면, 조상현·황영금 등의 원로와, 나영수·박수길·김신자·최승태·김형규·박찬동·강성실·최승한 등의 중견들을 비롯한 많은 저명 음악인들이 있다. 조영미·조영방·조영창의 조트리오도 이 교회 교인이고, 배기남·윤인숙·윤경희 등도 눈에 띈다. 연주자 중심이고 작곡자는 강은수의 이름이 보일 뿐이지만, 이곳을 거쳐 가거나 어떤 방식으로든 인연을 맺은 음악가들이 적지 않고, 교인들 가운데 대학 강사 등을 지낸 음악전공생들을 헤아리자면 그 숫자는 그야말로 부지기수(不知其數)이다.

다시 교회 이야기로 돌아가면, 경동교회를 세상에 널리 알린 축제를 빼놓을 수 없을 것이다. 경동교회는 1974년 4월 11일 부활절 때 〈살았다〉(김문환 역)라는 축제공연을 펼침으로써 새로운 교회문화의 출발을 기록한다. 물론 그 이전에도 조영남을 초청하여 음악잔치를 벌여 이른바 보수적인 교회들로부터 '딴따라 교회'라는 손가락질을 받은 바 있지만, 본격적인 축제공연은 이것이 효시가 된다. 〈젊은이들의 춤과 노래로 다시 쓴 누가복음〉이라는 부제가 말해주듯이, 유신체제 아래서 제약된 표현의 자유에 대한 갈망이 정치신학을 바탕으로 한 축제신학으로 분출되는 현장이었기에, 많은 사람들의 이목이 집중될 수밖에 없었다. 당시 청년기에 있던 나영수·김문환·이정희·황철익 등이 강원용 목사의 적극적인 뒷받침 아래 합세하여 벌인 이 축제의 의의는, 〈마태복음〉을 주제로 한 '가스펠'의 한국공연이 그 이듬해에야 이루어진 것을 상기할 때, 그야말로 선구적이었다.

이와 같은 축제공연은 같은 해의 추수감사절 저녁예배로 이어지는데, 이때 한국의 민속문화 요소들이 중심이 된다. 여기에는 김선봉·허규 등 교인이 아닌 전문가들도 참여했는데, 이념적으로는 토착신학과 밀접한 연관이 있다. 대부분의 개신교회들이 추수감사절로 기념하는 11월 셋째 주일은 미국으로 건너간 청교도들의 추수감사절에 그 근거를 두고 있는데, 비록 그들로부터 기독교라는 종교를 받아들였다 할지라도, 감사와 나눔이라는 그 핵심적 의의를 굳이 미국에서 찾을 것이 아니라, 우리 전통문화에서 찾자는 의식이 강하게 작용했기 때문이다. 그래서 추석에 가장 가까운 일요일에 추수감사절 예배를 드리고, 이날을 축하하는 절기축제도 우리 문화 요소로 꾸며보자는 취지였던 것이다. 축제의 주요 구성요소로 탈춤·민요·민속놀이 등이 등장하면서, 교회전통과 성경의 핵심을 재해석하게 되었다. 이와 같은 축제공연은 극작가 이강백이 교인으로 들어오면서 더욱 활기를 띠었다.

1980년대가 마감되고 이른바 민주화시대가 열리면서, 불가피하게 현실에 대한 고뇌와 상승작용을 일으킬 수밖에 없었던 축제공연의 열의가 식은 것은 숨김없는 사실이지만, 오늘날에도 청년들 사이에서 다시금 이에 대한 관심이 조금씩 일어나면서 문화선교의 불씨가 되살아나려 하고 있다. 경동교회 문화선교위원회 부위원장 김진욱 (문화인류학) 박사 의 다음과 같은 표현이 지금 모습을 짐작하게 한다.

절기행사라고는 하지만 '70년대의 문화엘리트들로 구성된 연극, 뮤지컬의 화려한 부활을 꿈꾸는 것은 결코 아닙니다. 교우들 가운데 소수의 재능 있는 사람(주로 지금은 40, 50이 되어버린 그 당시의 청년)들이 프로극단의 연출가들과 서너 달을 연습해서 절기에 맞춰 공연을 올리곤 했던 경험들은 무척이나 소중한 기억들로 남아 있지만, 이제는 어떠한 방법으로도 시간으로도 되돌릴 수는 없는 경동교회의 귀중한 역사이자 문화적 자극을 끊임없이 제공하는 특유의 자산이지요. 지나간 역 사는 과거의 사실임엔 틀림없고, 그 역사 속에 담긴 의미를 오늘에 되살리는 작업은 무척 중요한 일이라고 봅니다. 70, 80년대에 막을 올렸던 절기 공연들이 우리 교회 안팎으로 던져준 메시지는 분명했지요. 군부독재시절에 시대를 앞서가며 성서를 바탕으로 '자유, 평화, 해방'의 메시지를 전하며, 하나님 앞에 선 단독자로서 실존적인 결단을 촉구하던, 거의 유일한 문화적 몸짓이었다고 해도 지나친 말이 아니지요.

그렇다면 이제 그 정신을 되살려 문화적 몸짓을 준비해갈 때, 어떻게 하면 경동 구성원 모두가 함께 즐기고 참여하는 축제 마당을 오늘의 현실에 맞게끔 만들어갈 수 있을까요? 이미 꺼지다시피 한 불씨를 호호 불면서 연기부터 피워야겠지요. 절기행사를 소박하게나마 경동 구성원 전체가 함께하는 방식으로 꾸며가노라면, 처음엔 제대로 불붙지 않아 피어나는 연기에 재채기, 눈물, 콧물이 뒤범벅인 시간을 거치겠지만, 차츰 불꽃이 살아나면서 진통 어린 연기 속 어디선가 선명하게 피어나는 작은 불꽃에 가슴이 뭉클해지는 것을 느끼고 경험들이 축적되어가면서 오늘에 맞는 경동문화의 되살림이 가능하리라고 본답니다. 조금은 어설픈 노래와 몸짓으로 꾸며질 수도 있고, 때로는 표현하는 몸짓에 익숙한 몸짓들이 필요한 경우도 있겠으나 함께 어우러져서 '공의가 흐르는 강물을 이루어내는 믿음의 공동체'를 만들어 가는 일을 해내려는 우리의 몸짓은 그 어떤 전문적인 훈련으로 무장된 사람들이 만든 공연보다 주님 앞에 훨씬 더 아름다운 모습으로 보일 수 있을 것이라고

믿는답니다.(《경동교회 월보》)

작은 지면에 인용이 길어졌지만, 경동교회가 추구하는 문화 지향을 읽어내기에 꽤 적합하다고 생각한다.

'문화선교'라는 단어는 1970년대에 청년활동의 새로운 활로를 모색하는 가운데 내가 만들어낸 말이지만, 이제는 보통명사가 된 셈이다. 경동교회의 본당 옥상에 있는 여해문화공간이 이런 의미에서 관심을 끈다. '여해'(如海)는 강원용 명예목사의 아호로서, 그의 스승인 장공(長空) 김재준 목사가 지어준 이름이다. "바다와 같아져라"는 뜻이 담겨 있는 듯하다. 원래 설계대로라면 하늘을 향해 열린 옥상공간이어야 하는데, 우리나라의 기후로는 야외(노천)행사가 가능한 날이 얼마 되지 않아 하는 수 없이 천장을 덮어씌운 계단식 극장구조이다. 열려 있던 시절에는

경동교회는 재일작가 최재은의 대나무를 재료로 한 설치미술로 장안의 화제가 된 적도 있다. 마치 까치집 같기도 하고, 예수의 가시면류관 같기도 한 이 작품은 초록빛의 야간조명을 받으면서 한동안 이 특징적인 교회건물을 돋보이게 하기도 했다.

작가 최재은의 대나무를 주재료로 한 설치미술로 장안의 화제가 된 적도 있다. 마치 까치집 같기도 하고, 예수의 가시면류관 같기도 한 이 작품은 초록빛 야간조명을 받으면서 한동안 이 특징적인 교회건물을 돋보이게 했다.

현재 이 여해문화공간은 건강한 청소년 문화를 형성하고, 교회 문화를 이끌어가기 위해 기독청년 문화활동을 펼쳐가는 작업을 진행하고 있다. 가족, 아동, 청소년을 위한 창작극이나 번안극, 우리 사회의 어둠과 소외된 이웃을 향한 자선 문화공연 행사, 젊은 세대의 직접적인 체험활동(청소년 동아리 발표, 공연 워크숍 등), 그리고 실험적이고 새로움을 시도하는 청년 기독교회 공연예술을 공동기획·주최·주관 또는 협찬, 후원하고 있다. 약 20평의 무대와 270석 정도의 객석, 그리고 전동 스크린과 조명 및 음향기기들을 갖추고 있어 웬만한 대학로의 소극장보다 조건이 좋은 편이다.

경동교회의 문화선교에서 빼놓을 수 없는 공간이 경동갤러리다. 1998년 12월에 세워진 경동50주년선교관 2층에 있는 약 40평 규모의 미술전시공간인데, 교인이 아닌 모든 작가와 관람객들에게 개방되어 있다. 교회의 미술위원회는 정명오(사진), 전명자·김정숙·권복주·명숙(회화), 이경재·박민정(조각), 허영환(미술사) 등이 포진하고 있다. 갤러리가 있는 건물 한귀퉁이에는 이경재의 조각 작품이 다정하게 자리 잡고 있다.

이왕 문화적인 측면을 언급한 김에, 문인들도 살펴보자. 전숙희·김원일·김혜순 등이 소속되어 있으나 따로 모임은 없다. 교회로서는 새 기도문과 새 찬송가 등에 대한 기대를 가지고 있는 줄 안다. 지금도 경동교회는 모든 교회가 사용하는 찬송가에 덧붙여서 〈경동찬송가〉를 함께 사용하는데 나영수·김문환 등을 비롯한 교인들이 참여한 가사와 곡이 다수 포함되어 있다.

이처럼 문화적으로 한국사회에 공헌하고 있는 경동교회는 최근 '선한 이웃 클리닉'으로 새로운 방식의 사회선교를 시도하고 있다. 이는 한국에 거주하는 외국인 노동자들을 대상으로 하는 의료봉사활동으로서, 2000년 경동교회가 속한 한국기독교장로회의 외국인노동자선교협의회로부터 외국인노동자들의 열악한 의료실태를 전해 듣고, 동네의원살리기운동본부, 외국인노동자의료공제회, 한국기독교의료선교협의회의 '사랑의 의료봉사'와 한국기독교의사회의 지원으로 2000년 4월 23일(부활절)부터 시작했다. 환자 접수는 오후 2시부터 시작하지만 환자들은 미리 진료접수처에 모습을 나타낸다. 딱히 진료만이 아니라, 사람이 그립고 정이 주리어 보이는 이들을 대상으로, 교회는 이(異)문화체험을 통한 선교를 시도하기도 한다. 여해문화공간에서 방글라데시 독립기념일 행사가 열린 것도 그러한 취지의 연장으로 볼 수 있다.

사회구원을 위한 행동이 이 교회의 근본임을 이해할 만하다. 초기에 교회를 담임했던 김재준 목사나 그 뒤 40여 년 동안 강단을 지켜왔던 강원용 목사의 활약을 생각한다면, '행동하는 교회' 로서의 그림이 좀 더 분명해질 것이다. 박정희 정권에 대해 비판적인 자세를 견지했던 강 목사와 경동교회 주변에 혁명의 주체들이 많이 몰려있던 것이 이를 잘 말해준다.

이 밖에도 경동교회는 사회선교의 일환으로 어린이집을 운영하는 동시에, 만주 용정에 용경 선린관을 세우기도 했다. 최근에는 탈북청소년을 위한 대안교육 마련에도 관심을 두고 있다.

이와 같은 특징 있는 작업들의 근본정신은 무엇인가? 물론 성경과 교회 전통에 바탕을 둔 신앙고백이지만, 경동교회가 1945년 12월 2일에 교회가 아니라 '선린형제단전도관' 이라는 이름으로 시작된 것에서 그 근거를 유추할 수도 있다. 선린형제단은 용정의 은진중학교 성경교사 김재준 목사를 따르는 강원용을 비롯한 청년들이 해방과 더불어 신앙의 자유를 찾아 월남하여 결성한 것이다. 그러다 2년 뒤에 '성야고보전도교회' 로 바꾸었다가 오늘에 이르러 경동교회로 이름이 정해졌다. 성 야곱이 '행함' 을 강조한 인물이었음을 떠올린다면, 사회구원을 위한 행동이 이 교회의 근본임을 이해할 만하다. 초기에 교회를 맡았던 김재준 목사나, 그 뒤 40여 년 동안 강단을 지켜왔던 강원용 목사의 활약을 생각한다면, '행동하는 교회'로서의 그림이 좀더 분명하게 그려질 것이다. 박정희 정권에 대해 비판적인 자세를 지녔던 강원용 목사와 경동교회 주변에 4·19혁명의 주역들이 많이 몰려 있었던 것이 이를 잘 말해준다.

강원용 목사가 은퇴한 뒤 거목 밑의 그늘로 말미암아 한때 교회가 약간 흔들리는 모습을 보인 적도 있지만, 21세기를 맞이하는 1999년 12월 첫 주일에 지금의 박종화 목사가 취임하면서 경동교회는 그의 말대로 NGO의 구실에도 충실하게 임하고 있다. 앞으로도 경동교회는 한국교회의 일정 부분을 대표하면서 세계교회와 호흡을 같이해 가리라고 본다. 박종화 목사 개인도 그렇거니와, 교회 전체가 통일을 위한 교회의 구실을 깊이 모색하는데서 그와 같은 미래를 넉넉히 내다볼 수 있다.

도심에 있는 까닭에 녹지가 부족하여 약간 답답한 느낌이 들지만, 6·25 당시 교회를 지키다가 목숨을 잃은 교인(강원용 목사의 친동생)을 비롯한 많은 인재들의 고뇌에 찬 증언으로 세워진 교회로서의 면모를 잘 살려나가고 있기에, 도심의 오아시스, 지상에 있는 파라다이스의 하나로 손꼽아도 전혀 손색이 없으리라 믿는다.

8 대한성공회 서울교구 주교좌성당 이야기

내가 서울고교 재학 때 일이다. 가까이 있는 이화여고 학생들과 함께하는 '코알라'라는 이름의 영어회화 모임에 가입하라는 권유를 받고 가본 적이 있다. 서로 영어 이름을 불러가며 이야기를 나누다가 내게도 영어 이름을 대라고 하길래, 왠지 억하심정이 들어 '조커'(Joker)라고 해놓고는 그 뒤로 흐지부지 끝났다. 영어회화를 연습하자니 영어로 이야기하는 것이야 당연하지만, 그렇다고 이름마저 존이니 메어리니 하는 것이 왠지 남세스럽게 느껴졌다. 지금 생각하면 참으로 치기 어린 오기가 아닐 수 없다.

이 이야기를 꺼낸 것은 그 모임 장소가 바로 대한성공회 서울

교구 주교좌성당이었기 때문이다. 나중에 알게 된 일이지만, 영국 출신의 3대 주교 '조마가'〔영어이름은 마크 트롤로프(Mark Napier Trollope)〕가 "만일 선교사들이 영어를 쓴다면, 늘어가고 있는 한국인이나 일본인 신자들에게 미사를 보거나 설교를 하더라도 그것은 그들의 영적인 건강을 위해서가 아니라 물질적 이익만을 줄 수 있는 어학공부의 기회만 주는 것이 될 것입니다"는 말을 남긴 것과, 앞에서 말한 코알라클럽은 묘한 대조를 이룬다. 그때만 해도 성당 주변에는 숲이라고 할 만큼 나무들이 우거졌던 것으로 기억나는데, 지금 그 자리에는 세실극장을 비롯한 부속건물과 함께 확장된 성당건물이 들어서 있다.

이 건물은 1978년에 서울특별시 유형문화재 제35호로 지정될 만큼 유서 깊다. 지정 당시에는 아직 '복원'이 이루어지지 않은 상태였지만, 그 자체만으로도 성공회의 역사와 함께 문화적인 의의가 작지 않다. 영국(정확히는 잉글랜드)교회의 벤슨(Benson) 캔터베리대주교로부터 주교로 임명되어 한국(조선)에서 선교를 시작한 코프(Charles John Corfe, 한국이름은 고요한)가 인천에 온 것은 1890년 9월 29일로서, 그는 중국 선교활동과 부분적으로 관계가 있었던 해군 종군사제였다. 이듬해 부활주일에 인천과 서울에서 선교를 시작하면서, 한성부 정동에 터와 집을 마련했는데, 그곳은 원래 대군 자제들의 교육기관인 수학원(修學院) 터였다고 한다(경학당이라는 설도 있다). 고요한 주교는 기존 건물을 장림성당(The Church of Advent)이라고 이름 붙이고, 1890년 12월 21일에 첫 미사를 집전했다. 그 뒤 1922년에 제3대 주교인 조마가 주교가 이 교회를 착공했는데, 설계자는 영국왕립건축학회 회원인 딕슨(Arthur. Standsfield Dixon)이다.[7] 1926년 5월 2일(일요일)에 1단계로 준공되었는데, 이듬해 성당 일부를 개조하기 위해 다시 서울에 온 설계자의 기록에 따르면, 세인트메리 앤드 니콜라스 성당으로 이름 붙은 이 건물은 아직 미완성으로서, "언제 완성될 것인지는 지금 예측할 수 없다"고 했다.

대한성공회 서울대성당 안내 팜플렛을 보면, 이 미완의 성전은 1996년 5월 2일에야 원 모습을 드러낼 수 있었는데, 1991년 선교백주년기념사업의 하나로 그 완공을 계획하던 가운데, 1993년 7월 영국의 작은 시골 렉싱턴도서관에 근무하던 영국인 관광객으로부터 설계도면의 출처를 알게 되어 이 일이 가능했다는 것이다. 실로 기적 같은 일인데, 더러 이를 의심스럽게 여기는 사람도 없지 않았던 모양이다. 그러나 현재 성당의 모습이 기능적으로나 미관적으로 더 훌륭하다고 생각하는 사람이 절대적임은 두·

---

7) 이정구 신부(성공회대 교수)에 따르면, 딕슨은 트롤로프가 한국의 주교로 부임하기 직전에 사목하던 버밍엄 성 알반(St. Alban)교회의 교회위원으로서, 친분이 있는 그 지역의 대표적인 미술 공예가였다. 존 러스킨과 윌리엄 모리스의 영향을 받았는데, 그는 "중산층의 낭만적 취향을 만족시킨 물건을 망치와 손으로 생산해내고자 하는 수공예 운동가들의 사회주의적 성향"을 대변하는 듯 '망치와 손'을 표어로 한 길드의 회원이기도 했다.

성공회 서울대성당 전경. 중앙 종탑을 중심으로 각각의 특색을 나타낸다. 건물 기초부나 후면 전부는 강화도산 화강석으로, 나머지 벽체는 붉은 벽돌로, 후진(後陣) 부분과 2개의 종탑은 한식 기와로 되어 있다.

말할 여지가 없다.

　영국대사관 동쪽 덕수궁 북쪽의 완만한 경사지에 자리 잡은 이 성당은 십자 모양이다. 여기에는 십자가의 승리를 증명할 수 있는 상징으로 삼고자 한 조마가 주교의 꿈이 담겨 있다.

　모두 11개의 탑을 갖춘 이 한국 유일의 로마네스크양식 건물은 동쪽에서 본 모습과 북쪽에서 본 모습이 중앙 종탑을 중심으로 각각 특색을 나타낸다.[8] 건물 기초부나 뒷면 모두, 그리고 처마 밑이나 기둥은 강화도산 화강석으로, 나머지 벽체는 붉은 벽돌로 되어 있는데, 스페인식 붉은 기와가 인상적이다. 그러나 건물의 맨 안쪽에 해당하는 후진(後陣) 부분과 2개의 종탑만은 원래부터 한식 기와로 되어 있었다. 종탑부는 중앙의 큰 종탑과 그 앞의 작은 종탑이 공간적으로 위계성을 띠어 율동감을 보여주고 있다는 평을 받는다. 설계자는 여기에 2톤짜리 종을 매달았는데, 영국의 로프 바우로회사에서 주조한 것으로서, 영국에서 가장 뛰어난 것으로 기록되어 있다.

현관에 해당하는 좌우 전실(前室)을 지나 성당으로 들어서면, 우선 눈에 띄는 것이 지성소의 반(半) 돔(dome)이다. 거기에는 원래 그리스도의 머리를 모자이크로 만들고, 벽은 빛깔 있는 대리석과 모자이크로 장식하게 되어 있었다. 런던의 조지 잭크(Jeorge Jack, 1855~1932)가 설계한 본래 구상은 후진의 중앙 윗부분 반달모양(루네트, lunette)에 그리스도의 영광스러운 모습을, 중앙에는

---

8) 이정구 신부에 따르면, 1833년 당시 '신과학'과 자유주의가 교회의 신앙을 파괴하고 있는 것에 대항하고자 옥스퍼드 대학생들과 신학자들이 모여 과거 중세기 로마 가톨릭과 성공회 전통성과 연속성을 강조하던 옥스퍼드운동은 신비적인 중세 예전을 회복하고자 했으며, 교회건축에서는 네오고딕 양식을 선호했다고 했다. 이 운동의 계승자였던 트롤로프가 로마네스크 양식을 택한 것은 딕슨의 권고에 따른 것인데, 로마네스크 양식이 고딕보다는 덕수궁 터의 스카이라인에 어울리고 경비가 적게 들며, 한국의 성공회 선교 초기를 상징하듯이 서양 초대교회의 순수함과 단순함을 지닌다는 것이다.

성공회 서울대성당 내부 모습. 성당으로 들어서면 우선 눈에 띄는 지성소의 반 돔. 화려한 색유리 모자이크로 장식된 예수 그리스도와 그 아래 중앙에는 아기 예수를 품에 안고 있는 성모 마리아가 새겨져 있다.

성모 마리아, 그 양측에는 복음서의 기자 성 요한과 예언자 이사야, 성 니콜라, 그리고 흰말을 타고 중국의 황제에게 달려오는 동방의 사도 성 토마스를 그려 넣기로 되어 있었다. 그러나 뒷날 성 토마스는 성 스테판으로 바뀌었다. 민족과 함께 수난 받을 교회의 운명을 예견했던 것일까?

지금은 돔에 화려한 색유리 모자이크 장식으로 된 예수 그리스도의 모습이 보이는데, 왼손은 "나는 세상의 빛이다"(EGO SUM LUX MUNDI)라고 적힌 책을 펴 보이고 있고, 오른손은 위로 향한 채 엄지부터 차례대로 세 손가락을 펴고 있다. 삼위일체를 상징한다고 볼 만한데, 이를 두 손가락을 접은 것으로 보고 '아버지와 나의 일체' 로 푸는 해설도 있어 약간 미심쩍다(정교회에서는 이와 같은 손 모양으로 머리부터 전신을 누르면서 영성(靈性)을 기르기

152

위한 예수기도를 드리게 한다). 아래 중앙에는 아기 예수를 품에 안고 있는 성모 마리아가 새겨져 있고, 왼쪽에는 돌무더기 옆에 서 있는 첫 순교자 스테판과 이사야〔책〕, 그리고 오른쪽에는 요한〔독수리〕과 성 니콜라 주교〔어린 아이와 배〕가 각각 5개의 독립된 모자이크로 새겨져 있다. 그리고 하단에는 한 줄로 "영화를 입은 모든 사도들이 다 주를 찬미하오며, 유명한 모든 예언자들이 다 주를 찬미하오며, 온 천하의 교회가 주를 찬미하나이다"라는 라틴어 문구가 모자이크의 의의를 설명한다. 모자이크의 형태는 5세기에서 12세기의 이탈리아 전통에 따라 구상되었는데, 무엇보다 시실리의 몬레알(Monreal)과 세팔루(Cefalu)에 있는 모자이크의 전통을 따른 것이라 한다.[9] 모자이크 그림 아래쪽, 그러니까 대제단 뒤로는 11쪽 병풍 모양의 황금빛 벽면이 세워져 있어 예배가 진행될 때 켜놓는 여섯 개의 촛불을 반사하면서, 화사함과 함께 위엄을 잘 드러낸다. 모자이크로 이루어진 인물들이 모두 녹색 방석처럼 보이는 바닥 위에 서 있는데, 이를 하느님의 '푸른 초장'으로 생각할 수 있다는 해설도 있다.

그 아래 화강암으로 만들어진 대제단과 중앙에 놓여 있는 십자가는 잉글랜드와 스코틀랜드의 주교 14명이 초대 교구장 코프

---

9) 미국인 잭은 설계자 딕슨의 추천을 받았는데, 윌리엄 모리스의 공방에서 가구 디자인을 공부하기도 했으므로, 가구뿐만 아니라 모자이크와 스테인드글라스 디자인에도 솜씨가 뛰어나 교수생활을 하기도 했다.

주교를 기념하여 기증한 것이다. 대제단 왼쪽에 있는 자개로 장식된 주교좌 역시 그의 기념물로서 설계자가 디자인한 것인데, 1927년 서울에서 제작되었다.

성공회 예배에서 빼놓을 수 없는 음악을 대표하여 성당 왼쪽에 1985년에 영국 해리온 앤드 해리온 회사에서 제작한 파이프 오르간(1,450개의 파이프)이 설치되었다. 지금 위치보다는 제단 맞은편 2층 쪽이 미관으로나 음향으로나 더 잘 어울려 보이는데, 교회 안에서도 그와 같은 의견이 있는 줄 안다.

지성소를 마주한 날개 부분에 각각 십자제대와 성모제대를 갖추고 있는 좌·우 수랑(袖廊, transept)이 있는데, 그 자체로 소성당 기능을 할 수 있도록 되어 있다. 원래는 각각 영국인과 일본인이 사용하기로 되어 있어 건축 당시의 정치상황을 연상시키면서, 민족감정을 자극하기도 한다. 조마가 주교는 "그 성당은 서로 다른 민족의 신도들이 서울에서 별도로 흩어져 작은 지성소를 지켜나가는 것을 지양하고, 적어도 한 성당 안에서 예배를 드릴 수 있게 하려 한 것입니다. 언어의 차이가 있겠지만, 필요하다면 한 성당 안 다른 제단에서 예배드리거나, 다른 소성당에서 기도드릴 수 있을 것입니다"라고 자신의 희망을 밝힌 바 있다. 이 공간 좌우 끝에는 6·25전쟁 때 순교한 성직자 5명과 수녀 한 분의 사진, 그리고 전사한 영국군들을 기리는 구리판이 자리 잡고 있다.

지하에도 낮은 지면을 이용한 소성당(crypt, 지하성당)이 있다.

이는 성 세례자 요한의 이름으로 축성되었지만, 서울에 주교좌성당을 건축하고자 했던 2대 주교 터너(Arthur Beresford Turner) 기념성당이다. 이 소성당 한가운데에는 본 성당 건축 당시 주교였던 트롤로프의 묘비 구리판이 놓여 있는데, 그 아래 그의 유해가 안치되어 있다. 그 구리판에는 성당을 손으로 받쳐 든 트롤로프 주교의 초상화와 비문이 새겨져 있는데, 성당의 모습은 실체와 같은 동쪽 입면이다. 좀 더 자세하게 말하자

성당 설립자인 트롤로프 주교가 매장되어 있는 소성당. 중앙 마루 한가운데에는 트롤로프 주교를 기념하는 묘비가 있다.

면, 영국인 프란시스 쿠퍼가 도안하여 제작한 이 기념 동판에는 라틴어로 "연령은 69세, 주교서품 받은 지 20년이 되는 1930년 11월 6일에 이 세상에서 부르심을 받고 주님 안에 잠드신 이 성당 설립자인 조마가 주교가 이곳에 매장되어 있다. 하느님께서 그분의 영혼에 자비를 베푸시기를" 이라는 글이 새겨져 있고 네 귀퉁이에는 복음기자를 상징한 천사〔성 마태오〕, 사자〔성 마르코〕, 황소〔성 루가〕, 독수리〔성 요한〕 모양이 새겨져 있다. 그 밖에 교구(敎區)의 표지와 대성당을 지켜주는 수호성인을 상징하는 백합〔성모〕과 세 개의 둥근 원〔성 니콜라〕이 있다.

조마가 주교는 1930년 제7차 람벳 회의에 참석했다가 귀국하는 도중에 그가 탄 배가 일본 고베항에서 다른 배와 충돌하자, 급히 계단을 뛰어올라가다가 심장마비로 세상을 떠났다. 주교의 시신은 고베 교구장 기도실로 옮겨졌고, 고베 교구의 사제 2명과 영국에서 유학을 마치고 귀국하는 조선교구 부제 2명이 시신을 배와 기차로 서울까지 옮겼다. 그때도 사대문 안에는 매장 할 수 없는 법이 있었지만, 영국 총영사의 적극적인 후원과 조선총독의 허락으로 지하성당에 매장되었다. 서울대성당 안 지하납골당의 효시가 되는 셈이다.

전체적으로 성공회 서울대성당은 서방 가톨릭교회와 동방정교회(orthodox), 그리고 한국의 전통 건축양식이 잘 혼합되어 있다는 느낌을 받는데, 이는 성공회 자체, 그리고 대한성공회의 성격과도 상통하는 것처럼 보인다.

한국선교를 시작했을 무렵 캔터베리대성당은 비록 독립적인 잉글랜드교회를 대표하고 있었지만, 가톨릭 분위기가 좀더 우세했다고 하겠는데, 이것이 지금도 대한성공회의 예배 분위기를 지배하고 있다는 인상을 준다. 성공회에서 쓰는 말로는 이른바 고교회(high church)인데, 예컨대 가톨릭교회에서조차 별로 실행하지 않는 분향(焚香)의식이 여기에서는 주요한 부분을 차지한다. 이는 원래 이방 종교예식, 특별히 로마의 황제숭배예식에서 비롯된 것으로서, 초대교회 예배에는 없었다가, 뒷날 '수납되었음'을 나타내는 상징적인 표현으로 사용된 것으로 설명된다. 분향의식에 쓰이는 유황은 성도들의 기도를 상징하기도 하는데(요한계시록), 이때 쓰는 향로는 레드 라이언 스퀘어의 성 요한 교회에서 1927년에 보내온 것이다.

성찬 부분이 차지하는 높은 비중은, 집전하는 사제와 부제, 그리고 이를 보좌하는 복사(服事)들의 복장과 성물(聖物)들, 고난 받는 예수의 모습을 새긴 십자가상을 앞세운 행렬(순행), 그리고 사제들이 부르는 송가와 함께, 성공회 서울대성당 예배의 특징을 드러낸다. 그러나 가톨릭이 주장하듯이, 성공회 측에서 사제가 기도드리는 순간 빵과 포도주가 예수의 살과 피로 바뀐다는 이른바 화체설(化體說)을 신학적으로 부정하면서, 다만 그 순간에 성령이 함께한다고 믿는 임재설을 따른다면, 전자를 근거로 한 여러 예식 절차는 재고되어야 하지 않을까? 그러나 신학적인 해석이 어떠하든, 우리를 위해 자신을 내어준 그리스도의 살과 피를 받아 마신다는 의미를 지닌 의식이 경건해야 함은 물론이고, 그것이 하나의 축제여야 한다는 요구 또한 무시할 수 없는 것이다.

그렇다고 이른바 저교회(low church)라는 식의 개신교적 요소가 빠져 있는 것은 아니다. 이는 예배에서 부르는 찬송도 그렇거니와, 교회 활동 전체에 더 잘 드러난다. 1892년 가을에 성 베드로 수녀회에서 파송된 수녀들이 성 마태 병원과 성 베드로 병원에서 간호사으로 일하다가 차츰 이 일을 일반 간호사에게 맡기면서 선교활동을 하기 시작하여, 새로 매입한 가옥에서 1983년부터 고아원을 개설했다는 역사도 있거니와, 지금도 정동의 대성당은 '희망터'라는 기관을 두어 노숙자에게 서울역에서 배식하는 일을 비롯하여 독거노인에게 도시락 전달, 소년소녀가장 돕기 등 사회에서 소외된 사람들을 돌보는 데 열심이다. 2004년부터는 역시 성공회에서 운영하는 푸드 뱅크 사업을 돕기 위한 수요 '주먹(밥)콘(서트)'이 실내와 본당 안에서 열리고 있다. 여기에는 권양숙 여사도 참석한 바 있다.

그러나 무엇보다도 1968년부터 한국기독교연합회의 일원으로 참가하여 세계적인 교회 일치운동과 맥락을 같이한 일이 이와 같은 관점에서 의미 있게 보인다. 성공회 서울대성당은 5년 전부터 한국기독교장로회에 속한 경동교회와 매년 한 차례씩 성령강림

주일에 교환예배를 드린바 있고, 지금은 인근 정동감리교회, 새문안장로교회와 교환예배를 실시하고 있다. 이때 두 교회의 성직자와 성가대, 그리고 일부 교인들이 상대 교회로 가서 각각의 방식으로 예배를 드린다.

또 하나 기록할 만한 일은 1970년대 이후 민주화의 한복판에서 사회정의와 인권회복의 중추적 구실을 해냈다는 사실인데, 마침내 1987년 6

1987년 6월 10일 '군부독재 타도와 민주쟁취를 위한 범국민대회' 가 이곳에서 열려 한국민주화 과정에서 중요한 곳으로 지목 되기도 했다. 지금도 교회 한 모퉁이에는 이를 기념하는 작은 비석이 놓여 있다.

월 10일에는 '군부독재 타도와 민주쟁취를 위한 범국민대회' 가 이곳에서 열려 한국 민주화의 산실이 되기도 하였다. 지금도 교회 한모퉁이에는 이를 기념하는 작은 비석이 놓여 있다. 6·25때 순교한 교인들을 기리는 기념조각과 함께 눈여겨볼 만한 기념물이다. 성당 촬영을 하던 날(2003. 6. 25.) 프란시스 홀에서 '6월 민주항쟁 계승사업회' 결성대회가 열린 것도 그런 연유 때문일 것이다. 이 모든 일이 1965년에 대한성공회가 역사적인 전환점을 맞이한 것과 연관된다. 서울과 대전으로 교구가 나뉘면서 최초의 한국인 교구장으로 이천환 주교가 선출되었으며, 1992년부터는 독립적인 관구로 정립되어 오늘에 이르고 있다.

21세기로 접어들면서 성공회 서울대성당은 문화선교의 꿈을 가꾸고 있다. 2005년 2월에 새로 부임한 피선주교 박경조 신부도 고려대 학생시절에 합창단원이었던 전력 때문인지 문화선교에 관심이 높다. 그는 2005년 4월에 주교서품을 받고 11월에 주교로서 착좌식(着座式)을 가진 바 있는데, 문화선교의 확충을 위해서도 기대되는 바 적지 않다. 교인인 이건용(한국예술종합학교 총장), 김혜식(전 국립발레단 단장), 홍준철(합창지휘자) 등이 지혜를 모으고 있는 중이거니와. 유서 깊은 교회 건물과 독특한 분위기를 십분 활용하고 전통문화와 세계문화를 조화시키면서 청년들과 시민들을 위한 '열린' 교회의 모습을 유감없이 발휘해주리라 기대해 본다. 그때는 지하 1층에 꾸며진 프란시스 홀이 큰 몫을 하게 될 것이고, 임대 중이지만 세실극장도 호흡을 맞출 수 있을 것이다. 나아가 앞을 가로막은 국세청 건물이 노대통령의 약속대로 공원화되면, 그 공간이 지하에 있는 납골당과 함께 환경선교의 새로운 이정표를 만들 수 있을지도 모른다. 현재로도 성당 주변에는 야생초가 주를 이룬 화단이 가꾸어져 있어 성당 현관 쪽의 배경을 이루는 한옥들(수녀관, 구 주교관 등), 그리고 담 너머 보이는 덕수궁 한옥 지붕과 잘 어우러져 있다.

대표적인 개신교회 가운데 하나인 장로교회가 '개혁된 교회'(reformed church)라고 자칭하면서 자칫 제자리걸음을 할 수도 있는 위험에 직면해 있을 때, 성공회 역사에 정통한 김진만 교수의 표현대로, 성공회가 문자 그대로 '개혁하는 열린 교회'(reforming catholic church)를 실현해 나간다면, 총 신도 수 5만을 헤아린다는 '작고 아름다운 교회'의 진면목이 제대로 드러날 수도 있지 않을까? 여기에서 쓴 '열린'이라는 표현은 가톨릭을 뜻하는 '공번되고'라는 옛말을 현대화하고자 한 이재정 신부(현 민주평통 수석부의장) 등의 의지를 잠깐 빌린 것이다. 원래 이 말은 '공변되다'가 변한 것으로서, '사사롭지 않다'는 의미를 지닌다. 정교회에서도 이 말을 쓰는데, 두 교회가 모두 선교 초기에 경전 번역 등에서 중국의 영향을 받은 것과 연관이 있어 보인다. 그러나 성공회의 새 공동기도문에는 이 말이 대체되지 않고 삭제되어 있다.

잉글랜드교회는 헨리 8세 때 로마교황청에서 독립하여 오늘에 이르기까지 국왕을 교회의 수장으로 인정하는 전통을 이어왔다. 그러나 최근 영국 국왕 엘리자베스 2세가 469년 전부터 세습되어 온 잉글랜드교회(성공회)의 수장 직함을 더 이상 유지하지 않기로 한 것으로 영국 일간지, 가디언이 2003년 6월 15일자로 보도하였다. 이 신문은 '군주제의 미래에 관한 위원회'가 영국 사회의 종교적 민족적 다양성을 제대로 반영하기 위해서는 영국교회의 수장이라는 국왕의 공식 직함을 없애는 편이 바람직하다는 결론을 내렸으며, 2주 뒤 이를 공개한다고 전했다. 이는 잉글랜드교회의 실질적인 수장인 캔터베리 대주교 자리에 잉글랜드 출신이 아닌 웨일즈 출신의 로안 윌리엄스 대주교가 결정된 것과 함께,

참으로 성공회 역사에서 굉장한 변혁이 아닐 수 없다. 물론 대한 성공회는 잉글랜드교회와 함께 연방의 헌법이 없는 상태에서 이루어진 독립, 자치교회들의 연방적 공동체 가운데 하나일 뿐이지만, 역사적으로나 규모로나 가장 오래되고 큰 잉글랜드교회의 이와 같은 변화는 세계 성공회에 많은 영향을 미칠 것이고, 대한성공회의 경우도 마찬가지일 것이다. 이미 대한성공회 서울교구가 그와 같은 일련의 변화를 받아들여, 예컨대 여성 성직을 인정하고(공교롭게 첫 여성 사제가 필자의 딸이기도 하다) 공동기도문을 새로 만들기도 했거니와, 성공회대학교의 교육이념처럼 열림·나눔·섬김을 위해 자아변혁을 거듭하는 교회의 중심에 서서 60여 개의 서울교구 소속 교회들의 모(母)교회 구실을 해야 할 주교좌성당의 책임은 더욱 커질 수밖에 없어 보인다. 그러기 위해서는 서울대성당이 교회 건물과 그 안에서 이루어지는 예배 등에 대해 전통을 존중하면서도, 이를 부단히 다시 해석하여 시대의 흐름에 역행하거나 인습에 사로잡힌 채 안주하지 않으려는 노력을 게을리 하지 않아야 할 것이다.

9 한국 정교회 이야기

서울중·고등학교에 다니던 시절, 정동감리교회나 성공회 대
성당에서 모임이 있거나, 어쩌다 이화여중고에서 '문학의 밤'을
비롯한 예술행사가 있을 때, 학교에서—지금은 서울시립미술관
이 된—법원을 향해 걸음을 옮길라치면, 길 어귀 왼쪽에 계단이
있고 그 위에 정교회 건물이 있었다. 당시만 해도 감리교회의 열
성신자였던 나로서는 이에 대해 전혀 알지 못하면서도 별로 호기
심을 느끼지 못해 올라가 볼 엄두를 내지 못했다. 다만 막연하게
정교회가 러시아와 관계가 있다는 말을 들었을 뿐인데, 철저하게
세뇌된 반공교육 탓인지 러시아라면 왠지 피해야 할 나라처럼 느

껴져 더욱 그랬는지 모른다. 그러다가 어느 때 와서 보니 방송국이 들어앉으면서 정교회는 그림자조차 남기지 않고 사라졌다. 그것이 내게 남은 정교회에 대한 인상의 전부이다.

그 뒤 1979년에 루마니아의 수도 소피아에서 세계극예술협회 총회가 열렸을 때, 한국대표단의 일원으로 참석하여 총회 뒤 정교회 중앙대성당에서 이루어지는 일요일 아침 예배를 참관할 기회가 있었는데, 웅장한 성가에 압도되었다. 그러나 통역으로부터 그 성가대는 국립합창단으로서 관광객을 위한 문화선전의 일환으로 노래한 것일 뿐, 그들의 신앙과는 무관하다는 설명을 듣고 아연했던 기억도 있다. 과연 웅장하고 엄숙하게 진행되던 예식이 마무리되자, 성가대는 퇴장하고 수염이 긴 신부가 남아, 검은 옷을 입고 대체로 늙어 허리가 굽은 여자신도들을 향해 설교하기에, 내용을 물었더니, 통역은 뭐 그렇고 그런 이야기라고 퉁명을 부렸다.

회의 기간 내내 우리를 돕던 소냐라는 젊은 여성이 우리 일행과 너무 가깝게 지낸 탓인지 토요일 저녁에 울먹이며 작별인사를 했는데, 그녀는 자신이 기독교인이며 교회에서 결혼성사를 치른 것을 비밀처럼 내게 속삭였던 것과 너무나 큰 대조를 이루는 반응이 아닐 수 없었다.

대성당 지하에 많은 보물들이 전시되어 있다지만, 별로 보고 싶은 흥미를 느끼지 못해 그만두고 말았는데, 뒷날 공연한 짓을 했다 싶은 생각이 들기도 했다.

물론 정교회를 만난 것이 이 뿐만은 아니다. 독일 프랑크푸르트에서 유학생활을 하던 7년 동안, 열성으로 출석하던 한인교회가 빌려 쓴 성토마스교회에서는 유고슬라비아 출신들의 예배도 이루어져 특별 절기행사로 가끔 합동예배를 드린 적이 있다. 그때 의자도 없이 줄곧 두 시간 정도 진행되는 정교회 예배가 대부분의 개신교인들에게는 여간 부담스럽지 않을 수 없어 억지로 견디었던 기억도 남아 있다. 정교회에서는 서 있는 자세가 하느님 앞에 선 인간의 기본자세 가운데 하나로서 분심(分心)을 줄이며 기도에 집중할 수 있는 자세라고 보았다. 정교회의 부활성야 예식은 일반 성당에서는 6시간 이상, 수도원에서는 무려 8시간을 넘겨 거행된다고 한다. 그리스 등지의 정교회에서는 성당에 의자를 배치하여 전례 때 앉을 수도 있다지만 유고는 러시아계인지라 줄곧 서서 진행한다.

1995년 모스크바를 방문했을 때, 이미 해빙기를 맞아 교회들이 새 단장을 하는 모습도 인상적이었고, 2001년 한러포럼(한국국제교류재단 주최)의 일원으로 모스크바와 상트페테르부르크(당시는 레닌그라드)를 찾았을 때 본 여러 교회의 아이콘(성상)들이 특별한 기억으로 남아 있다. 특히 수태고지(受胎告知)를 나타내는 한 아이콘에 천사가 든 잔 속에 담긴 아기 예수를 그려내고 있었는데, 표정은 근엄한 어른의 표정이었던 것을 아내는 아직도

웃음 섞어 이야기하곤 한다.

서울의 지성소들을 탐방하는 이 글을 쓰면서 나는 이 모든 일들을 새삼스럽게 떠올리지만, 한국정교회를 제대로 알지 못함을 드러냈다는 데 부끄러워하고 있다. 그러나 한국정교회가 러시아와 관련이 있다는 것은 틀림없는 사실이므로, 그로부터 실마리를 풀어가는 것이 좋겠다는 생각을 했다.

한국의 정교회는 러시아정교회가 1897년 조선에 선교사를 파견하기로 발의함으로써 시작되었다. 물론 정교회와 한국 민족의 만남을 고려시대, 그러니까 800년 전으로까지 추정하는 견해도 없지 않다.

몽골군이 러시아를 지배하고 유럽을 정복하던 시대에 몽골에 파견된 로마교황청 사절이 남긴 기록에 따르면, 몽골 왕실은 그리스도교에 비교적 호의적이어서 러시아에서 온 대공(大公)을 후히 대접했는데, 당시 볼모로 잡혀 있던 고려 왕실의 왕전(王佺) 등 귀족 자제와도 화친했다는 것이다. 그러나 정식관계는 1899년에 니콜라이 부제

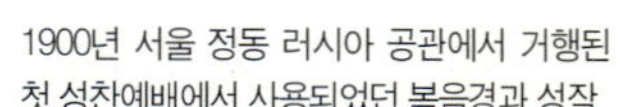

1900년 서울 정동 러시아 공관에서 거행된 첫 성찬예배에서 사용되었던 복음경과 성작.

1953년 전쟁의 참화를 딛고 그리스 군인들에 의해 복구된 성 니콜라스 성당.

가, 1900년에 크리산토스 신부가 입국하여 본격적인 선교사업을 펼친 것에서 시작한다.

러시아공사관 관저에서 열린 첫 성찬예배에는, 마침 인천에 정박 중이던 러시아 함대의 군사들로 구성된 성가대도 참석하여 장관을 이루었다고 한다. 당시는 일본이 영일동맹이니 가쓰라-태프트밀약이니 하면서 러시아의 남하를 저지하는 한편, 러시아에게 한반도 분할을 제의하기도 한 어려운 시대였다. 고종 황제는 지금의 서울 중구 정동 22번지에 있는 땅 2천 평을 러시아정교회에 하사하였는데, 니콜라이 2세와 우호적인 관계를 맺고자 하는 외교적인 수단의 일환이었을 것임이 분명하다(이에 대해서는 러시아 황제가 땅값을 모두 지불했다는 설도 있다).

모스크바에서 제작된 6개의 크고 작은 종에서 울려 퍼지는 특이한 종소리는 장안 사람들의 이목을 끌면서, 그 땅 위에 세워질 대성당의 웅장한 모습을 예고한 듯했다지만, 지어진 건물은 소성당에 지나지 않았다. 6·25전쟁 때 고물상들이 뜯어간 종들 가운데 하나가 용케 건져져, 현재 성당의 종탑 중앙에 다른 네 개의 작은 새 종들과 함께 달려 있다. 이른바 아관파천이 상징하듯 조정 내부에도 친 러시아 세력이 만만치 않았으나, 러시아가 일본과의 전쟁에서 패하면서 상황은 급격히 악화되었다. 러시아정교회 한국인 첫 사제로 요한 강탁(1912년 서품), 두 번째 사제로 루가 김희춘(1924년 서품), 그리고 알렉세이 김의한 신부 등이 있었지만, 김의한 신부가 북한으로 납북된 사실에서 알 수 있듯이, 한국정교회는 날로 침체되어 명맥만 겨우 유지할 수밖에 없게 된 것이, 앞에서 말한 대로 내가 서울중고등학교 때(1956~1962) 본 모습이다.

당시에는 보리스 문이춘 신부(1954년 서품)가 교회를 이끌었다고 하는데, 바로 그가 1967년에 서울 마포구 아현동으로 성 니콜라스 성당을 이전했다고 하니, 내가 대학에 입학한 뒤에도 일단 정동에 옛 교회가 남아있었던 셈이 된다. 하지만 이미 1917년에 일어난 공산혁명으로 말미암아 러시아에 선교부가 없어지면서 한국정교회와 러시아정교회의 관계는 사실상 단절되고 만 것이

서울 아현동의 성 니콜라스 성당에 있는 종탑. 서울 중구 정동에 최초로 성당이 세워질 당시 모스크바에서 6개의 크고 작은 종을 제작했는데, 이 종들은 6.25 전쟁 때 고물상들이 뜯어갔으며, 종들 가운데 하나가 용케 건져져 지금 성당의 종탑 중앙에 네 개의 작은 새 종들과 함께 달려 있다.

틀림없다. 따라서 문이춘 신부가 아현동으로 교회를 옮긴 것은 단순히 장소의 이동만을 뜻하지는 않았을 듯싶다. 문이춘 신부는 1956년 한국에 남아 있는 정교회 공동체를 이끌고 러시아가 아니라 이스탄불로 적을 옮겼기 때문이다. 처음(1897~1908)에는 페테르부르크 대주교구에 속했다가 이후 1923년까지 블라디보스토크 대주교구에, 그리고 1923년 이후에는 일본 대주교구에 소속되었다가 마침내 콘스탄티노플 총대교구 관구로, 좀더 자세히 말한다면, 콘스탄티노플 관할 미국 그리스정교회 대관구에 소속되었다가 1970년 이후 뉴질랜드 대관구로 옮긴 것이다. 그 사정을 이해하자면, 우리는 세계정교회의 역사를 조금이나마 알아 볼 필요가 있다.

그리스도교는 성령께서 사도들에게 강림한 예루살렘을 시작으로 안티오키아 · 알렉산드리아 · 콘스탄티노플 · 로마 등 5개 지역을 중심으로 선교활동을 펼쳐가다가 1054년에 일어난 동 · 서방교회의 분열로 예루살렘 · 안티오키아 · 알렉산드리아 · 콘스탄티노플의 4개 지역을 관할하는 정교회와 로마를 배경으로 한 로마가톨릭으로 갈라지고 만다(이후 로마가톨릭에서는 1517년에 루터 등이 시작한 종교개혁으로 개신교회가 출현하여 오늘에 이른다).

정교회에는 전부터 내려오는 4개 총대주교 관구(管區) 외에 10개의 독립교회가 있는데, 독립교회란 초대교회 시대에 역사적 기원을 둔 앞의 네 총대주교 관구에 속하지 않고 자립적인 지역교회로 인정받은 지역 정교회로서, 러시아정교회를 비롯해 모두 아홉 개가 된다. 이 밖에 자치교회가 있는데, 해당 지역 교회를 자치적으로 맡아 관리하지만, 자립적인 지역공의회를 소집하지 못하고, 모(母)교회의 공의회에 소속된다.

이처럼 교회가 분열하기 전인 1세기 무렵, 사도 안드레아가 처음으로 예루살렘에서 북동쪽 대륙으로 선교의 첫걸음을 옮겼던바, 그곳이 뒷날 키에프와 노보고하드라는 러시아의 유명한 도시가 되었다. 988년에 키에프공국의 블라디미르 대공(980~1015)이 세례를 받음으로써 정교회는 러시아의 국교가 되었다.

1237년 11월, 바투가 40만 대군을 이끌고 러시아를 침입하여 1240년에 키에프를 점령한 뒤, 러시아는 몽골의 지배 아래 들어갔다. 이로 말미암아 러시아의 중심이 모스크바로 옮겨갔고, 약세였던 러시아군이 1380년에는 몽골대군을 격파함으로써 러시아는 정교회 국가로 남았다. 1477년 이반 3세(1462~1505)는 비잔틴의 마지막 황제의 조카, 소피아와 결혼하면서 비잔틴 제국의 후계자를 자칭하는가 하면, 러시아를 제3의 로마라고 불렀다(콘스탄티노플은 1453년 터키에게 함락되어 이름도 이스탄불로 바뀌었고, 역사적인 성소피아 성당은 터키의 박물관으로 바뀐 채 오늘에 이르고 있다. 터키 정권이 알렉산드리아·안티오키아·예루살렘 등의 총대교구권을 형식적으로는 독립관구로 인정하면서도 실제로는 콘스탄티노플의 총대교구권에 예속시켰다는 주장도 없지 않으나, 콘스탄티노플의 총대주교는 세계 모든 정교회의 명예적 최고 권위일 뿐, 다른 모든 총대주교와의 관계에서 그들과 동등하다).

이렇게 해서 1589년에 모스크바 총대주교구가 설치되었지만, 1917년의 러시아혁명으로 교회활동은 심한 탄압을 받는다. 이른바 반(反)종교 활동의 자유가 소련 헌법에 설정되면서, 교회의 사회활동 금지, 사제교육 금지, 종교교육 금지, 행동단체의 조직 활동 금지, 교회 내 도서실 폐쇄, 성경과 교회서적 출판 금지, 그리고 교회 소유 토지와 건물 및 현금의 상시 몰수 가능 등의 조처가 내려졌다.

1921년, 세르비아 총대주교의 입회 아래 해외 러시아정교회 시노드(주교회의)가 조직되는데, 이 조직은 제2차세계대전 뒤 뉴욕으로 본부를 옮겨 지금까지 전 세계적으로 활동하고 있다. 1990년에 종교의 자유가 선포되자, 한국에 다시 연결점을 마련하면서 해외 러시아정교회와 연결되는 대한정교회가 1994년부터 한국정교회와는 다른 모습으로 활동을 시작하게 된다.

한국정교회(the Orthodox Church in Korea) 외에 존재하는 대한정교회나 한국러시아정교회(Russian Orthodox Church in Korea)의 문제는 국외자가 언급할 일이 못 되지만, 한국에서 러시아 총영사를 지냈던 분이 본국으로 돌아갔다가 북한의 러시아 전권대사로 임명되면서 북한에 러시아정교회 성당을 세웠는데, 푸틴 대통령이 모스크바 본국 정교회와 해외 러시아 정교회를 통합하기로 약속하고, 그 일이 거의 완성단계에 이르면서, 여러 갈등이 생긴 것만은 사실인 듯싶다.

그러나 1975년부터 한국에서 선교하던 그

성 니콜라스 성당에 있는 머릿돌.

리스 출신의 아르키만드리 소티리오스 트람바스 신부가 2004년에 대주교구로 승격한 한국정교회의 대주교로 임명될 정도로 활동이 활발해진 한국정교회의 경우, 전국에 2,500명이라는 신도와 7개 성당의 성직자 6명, 그리고 수녀 1명 등이 활동하는 교세를 떨치고 있다. 참고로 그리스정교회는 1954년 주한 그리스군 종군 사제로 활동하던 알드레나스 할키오플로스 신부가 보리스 문이춘을 사제로 추천하여 일본정교회에서 사제서품을 받게 했던 인연이 있다.

어린 시절, 흘깃 보았던 정교회에 대한 기억을 가다듬어 제대로 된 지식으로 발전시키자니 자연히 역사에 관심을 둘 수밖에 없어, 자료를 좀 정리해 본다는 것이 길어졌다. 그러나 종교는 어

성 니콜라스 성당 내부 돔에는 만물의 주관자이며 성부와 일체인 만물의 창조자 주 예수 그리스도가 그려져 있다.

디까지나 신앙을 중심으로 한다는 의미에서 정교회 신앙을 살펴볼 필요가 있다.

정교회 신앙이라고 했지만, 일반 사람들에게는 그것이 가톨릭교회나 성공회, 심지어는 개신교회의 중심교리와 거의 차이가 없어 보인다. 정교회의 가르침은 성경과 성전(聖傳)에 기초한다.

성경은 《구약》(39권)과 《신약》(4권의 복음서, 사도행전과 사도서신 21권, 요한계시록 등 27권)이 있는데, 우리나라 공동번역 성경으로는 70인 역을 표준으로 한다. 그러나 정교회는 제2경전이

176

라고 알려진 10권의 책을 예배시간에 정규적으로 읽기도 한다.

성전은 1. 제자들이 사도들의 가르침을 받고 배운 말씀을 기록한 책, 2. 8세기 전까지 전 세계 교회의 대표자들과 교부들로 구성된 일곱 개의 세계 공의회를 통하여 왜곡되고 잘못된 교리 부분을 바로잡아, 325년 니케아(아시아의 소도시)에서 소집된 첫 번째 공의회에서 신앙의 신조와 7조항을 작성하고, 381년에 콘스탄티노플에서 다시 모여 5개의 신앙신조 조항을 추가하여 완성된 12조항의 신앙신조, 3. 초대교회 사부들의 가르침, 4. 칠품성사와 거룩한 교회 예식 등으로 구성되어 있다. 마지막으로 교회 성인들의 삶의 기록이 포함되고, 교회에서 성상과 십자가 등 신앙생활에 도움이 되는 상징을 사용하는 전례가 손꼽힌다. 한마디로 거룩한 전승은 여러 세대에 걸쳐서 정교회가 형성해온 교리, 교회체계, 예배의식, 영성, 예술 등의 총체이다.

성서와 성전은 동등한 가치와 중요성을 지니는바, 성서는 성전의 빛 속에서 해석되고, 성전은 성서를 선정하는 증거를 제공하였으며 그 내용에 들어맞는다는 것이다. 성전의 대부분이 정교회가 거의 절대적으로 의존하고 있는 초기 일곱 차례 공의회의 결정사항들과 연관이 있는데, 이에 따라 니케아-콘스탄티노플 신경(信經)이 기초교리의 기준이 된다.

그러나 니케아 신경에는 가톨릭이나 성공회와는 달리 "성령은 성부께서 좇아나시며"라고 고백한다. 다만 "하나인, 거룩하고,

공번되고, 사도로부터 이어오는 교회를 믿나이다"의 항목 등 나머지 부분은 대한성공회와 같은 어휘를 사용한다(성공회의 새 기도문에는 가톨릭의 기도문을 이와 같이 고쳤음을 번역한 "공번되고"라는 단어가 빠져 있다). 그리고 삼위일체란, 비유하건대, 태양은 하나지만, 이 하나의 태양을 이루는 불덩어리, 빛, 그리고 열이 격이 다르면서 전체로 하나인 것 같다고 설명되기도 한다.

칠품성사는 세례(洗禮)성사, 견진(堅振)성사, 성체(性體)·성혈(聖血)성사, 고백성사, 결혼성사, 신품(神品)성사, 성유(聖油)성사(병자들에게 기름으로써 축복하는 성사, 성공회에서는 '조병'이라고 한다)를 가리키는데, 용어만 조금 다를 뿐이지 가톨릭교회의 7성사와 거의 다르지 않다. 다만 여기에서는 침례(浸禮)로 베풀어지는 세례에 이어 곧 견진성사가 이루어진다. 개신교회는 이 가운데 세례와 성찬만을 성경에 기록된 성례전(聖禮典)으로 인정한다. 성공회 역시 그러하지만, 나머지 다섯은 성사적 예식으로 이름 지어 구별한다.

그러나 이처럼 기본신앙이 같거나 비슷하다 해도 그 표현은 결코 일치하지 않는다. 우선 예배양식에서 특징을 보인다.

정교회의 하루는 해가 질 무렵부터 시작한다. 저녁기도인 만과(晩課)를 시작으로 해가 진 후에 드리는 석후과(夕後課), 깊은 밤에 드리는 심야과(深夜課), 이른 아침에 드리는 조과(무課), 그리고 1시과, 3시과, 6시과, 9시과 순으로 전례(典禮)가 계속된다.

세례성사를 집전하고 있는 디오니시오스 대주교(1982년).

또한 교회는 매 주간마다 기본적으로 기억해야 할 대상이 있다고 가르치는데, 주일(일요일)은 한 주간의 중심으로 성찬예배의 참례와 선행을 하면서 지내는 날이고, 월요일에는 모든 천사들을, 화요일에는 선구자 성 요한을, 수요일에는 성모님과 주님을 팔아넘긴 유다를 기억하면서 금식한다. 목요일에는 사도들, 특히 교부들 가운데 성 니콜라스를, 금요일에는 주님의 십자가를 기리면서 엄격하게 금식하고, 토요일에는 순교자들과 안식한 이들을 기념한다.

연간 축일은 그리스도와 연관된 축일, 성모 축일, 그리고 성인들의 축일로 나누는데, 그리스도 연관 축일은 그리스도의 생애와 성서와 관계된 축일 중의 축일로서 12월 25일이 아닌 1월에 일주일 동안 지속된다. 성모 축일 역시 성모의 생애와 관련된 축일로서, 일주일 동안 기리는 것과 달리, 성인들의 축일은 당일만 기린다. 연간 축일은 고정 축일과 비고정 축일로 구분되는데, 교회력으로 율리우스력을 사용하여 9월 1일을 새해의 시작으로 잡는다. 이에 따라 해마다 춘분이 지난 뒤 첫 만월 다음 주일이 부활절이 된다. 하루 전례 가운데 가장 먼저 드리는 전례를 만과, 곧 저녁 기도식으로 잡는 것에서 보듯이, 빛으로 오시는 그리스도를 기다린다는 뜻이 담겨 있다.

이 모든 예배 가운데 부활절 성찬예배가 으뜸인데, 거기에는 러시아 전례와 그리스 전례가 혼합되어 있으면서 그리스 전례에 더 가깝다는 한국정교회 전례의 특징이 가장 잘 드러난다. 한 예로, 전례용어와 경문(經文)에 그리스어가 쓰인다.

십자고상(十字苦像, 예수 그리스도가 십자가에 못 박혀 있는 모습을 그대로 보여주는 십자가상) 대신에 많은 성상들이 둘러싸고 있기는 아현동 성 니콜라스 성당도 마찬가지다. 일곱 번째 공의회인 제2차 니케아 공의회가 성상과 복음서는 똑같은 방식으로 존경받고 숭상해야 한다고 내린 결정에 충실하기 위해서다. 그러나 하느님만이 예배의 대상이고, 성인들의 성상은 공경하고, 화폭을 넘어서 대화를 하기 위한 것일 뿐이다. 정교회의 신학을 부정신학이라고도 하는데, 이는 "하느님은 이런 분이 아니다"라는 전제를 통해 하느님의 존재와 본성을 이해하자는 취지로서, 성상은 이에 따라 현실적인 아름다움이 부정되고 순화되어 궁극적으로는 오로지 정신을 표현하는 방향으로 제작된다.

같은 맥락에서 모든 정교회에서는 제단 위에 복음서를 두고 성상 앞에서 하듯 거기에 입을 맞추고 허리를 숙여 예를 갖춘다. 동서교회의 분열에는 여러 가지 이유가 있지만, 성모 마리아가 인간인가, 신인가 하는 문제와, 성상을 숭배해도 되는가, 안 되는가 하는 교리 문제가 겉으로 드러난 이유들 가운데 하나이다. 정교회는 우상금지 계명에 따라 모든 입체 우상을 금기한 반면, 로마가톨릭은 게르만족에게 선교하기 위해서는 그것이 불가피하다고 주장했다.

정교회 성가의 특징대로 송영자(誦詠者)가 독창하고 성가대원은 화음만 부르는 성가방식도 특이한데, 두 시간 반 동안 약 100여 곡 이상을 부른다. 자정까지 기다리다가 11시 40분부터 빛의 예식을 위해 주교와 신부 6명이 폐쇄형 제대(지성소)에서 아름다운 문을 열고 나와 촛불을 나눈다. 주교가 "와서 지지 않는 빛을 받을지어다" 하면 신도들이 불씨를 받기 위해 가느다란 초를 종이컵 중간에 끼워가지고 앞으로 나가 불을 붙여 예배가 끝날 때까지 들고 있다. 모두가 불을 붙였으면 밖으로 나가 부활을 선포하고 부활찬가를 부른 뒤, 자정이 되면 타종을 하고 다시 안으로 들어온다.

예배에서는 수시로 제대에서 나와 향을 뿌리는데, 성체성사에서 가톨릭과 달리 누룩이 든 빵을 쓰며, 항상 성혈과 함께 수저로 신자들에게 떠먹이는 양형영성체를 거행한다. 상투스(Sanctus)

후에 무릎을 꿇을 때에는 바닥에 엎드린다. 성찬예배 순서는 가톨릭과 같고, 화체설을 믿는다고 볼 수 있다. 그에 따라 성찬예배에서 감사의 성사가 거행된 때가 가장 성스럽고 예배의 절정을 이루는 때라고 보는데, 제단 위에 놓인 봉헌물(빵과 포도주)이 성령의 강림으로 구세주 예수 그리스도의 성체와 성혈로 성화(聖化)되는 순간이라고 가르친다. 성찬예배의 준비예식은 주님이 이 세상에 오신 성탄을 재현하는 것으로서, 이때 빵이 놓이는 성반 위에는 작은 띠 모양의 금속을 십자가 형태로 교차시켜 덮는다. 이 교차점에는 성경에 나오는 베들레헴의 별을 작은 모형으로 만들어 매달아 놓는다.

정교회 하면 떠오르는 특징이 수많은 성상(아이콘)들과 사제의 수염일 정도로 사제들은 수염을 길게 기르는 것이 보통이다. 사제도 결혼할 수 있으나, 보제 서품 후에는 결혼하지 못하며, 주교는 혼자 사는 사제(미혼이거나 배우자가 사망한 경우)만이 서품받을 수 있도록 되어 있다. 사제, 특히 주교의 긴 수염으로 상징되는 절대적인 권위로 보아 정교회는 얼핏 가부장적인 분위기가 지배적인 듯하나, 성모에 대한 존중은 가톨릭이나 성공회보다 더해 보이기도 한다.

아이콘에서 성모상이 차지하는 비중은 어떤 면에서는 지나치다 싶게 높다. 정교회는 마리아에 대한 가르침과 그 신심을 확립

하고 발전시켜온 주인공이라 해도 지나친 말이 아니다. 이미 3세기 초부터 정교회 안에 마리아 신심이 꽃피고 있었던바, 3세기 초로 추정되는 이집트의 한 희랍계 파피루스에는 마리아 기도문 〈하느님의 어머니여, 당신의 보호에〉가 기록되어 있다 한다.

이로써 4세기 에베소공의회 이전에 이미 '하느님의 어머니' (테오토코스)로서 마리아가 공경 받았음을 알게 된다. 431년의 에베소공의회에서는 성모 마리아를 '하나님의 어머니', 553년 제2차 콘스탄티노플공의회에서는 '평생 동정녀', 그리고 '지극히 거룩하신 분'으로 공경하도록 결정했던 것이다. 이처럼 정교회는 초기부터 마리아와 관련한 사건들을 기념하기 위한 축일을 거행하였는데, 서방교회(로마)에서는 7세기 무렵이 되어서야 마리아 관계 축일이 거행되었다.

오늘날에도 정교회는 이 전통에 따라 하느님의 어머니에 대한 사랑과 경배를 그대로 드리고 있다. 그러나 여기에서도 성모 마리아는 우리 인간들과 동일하게 원죄를 가진 인간으로 태어나 하느님의 은총을 가득히 입고, 예수 그리스도를 잉태하고 출산하여, 예수 그리스도의 성육신(成肉身)에 관한 직접적인 증인이 되었다는 믿음이 보편적이다. 그러므로 성모무염시태(聖母無染始胎, 원죄 없는 잉태) 교리와 성모승천 교리 외에 마리아와 관련된 거의 모든 가르침이 정교회 안에서 일관된다. 정교회는 교회를 가족으로 파악하기 때문에 성모 마리아가 사도들과 천상에 있는 보이지 않는 교회에서 기도 드리는 것은 이야기하지만, '성모 마리아에게 드리는 기도는 천주에게만 해당하는 흠숭'이라는 표현과 더불어 적극 부정한다.

앞으로 한국정교회의 토착화에 좀더 관심을 기울이겠다는 것이 대주교의 방침이므로 기대해보지만, 현재로서는 압도적으로 본토색이 강하다는 인상을 지울 수 없다. 그러나 비록 대주교좌 성당이 200석에 불과하지만, 한국선교의 역사가 100년을 넘은 이상 좀더 육화될 가능성이 커 보인다.

저명한 개신교 신학자 몰트만은, 동방정교회가 과학과 기술 및 산업의 발전으로 말미암아 서구에서 배제되고 상실된 창조론을 보존하고 있다고 보면서, 정교회의 수도원 전통이 간직해온 위대한 표상, 곧 창조의 사귐 속에서는 "숨을 쉬는 모든 것이 주를 찬양하며 하늘은 인간 없이도 자기 방법으로 인간을 대신하여 영원한 그분의 영광을 찬양한다"는 이 위대한 표상들을 오늘날 새롭게 해석하고, 피조물인 자연과 인간의 실제적 관계에 적용해야 한다고 주장한다. 현대 산업사회 속에 살아가는 인간들의 일면성과 빈곤화를 극복하는 데 적합하도록 만드는 일이 정교회만의 몫은 아니지만, 이 표상이 바탕이 되어 한국정교회가 이에 공헌하는 데 앞장설 수 있기를 기대하는 것은 그것대로 타당하지 않을까?

10 서울
이슬람성원 이야기

언제부터인가 이태원 일대는 일종의 이색지대로 변해 있다. 아마도 미군 용산 기지가 가깝기 때문이겠지만, 서울 안에서도 가장 많은 외국인들을 자주 만날 수 있는 장소일 것이다. 그 이태원을 더욱 이색적으로 만드는 명소가 한국이슬람 서울중앙성원이 아닐까?

그러나 이런 서두를 당사자들은 필경 못마땅해 할 수도 있다. 우리가 이슬람 문명과 처음 만난 것이 적어도 통일신라시대까지 거슬러 올라갈 수 있기 때문이다. 학설이 분분하긴 하지만, 공연예술에 관심을 갖고 있는 나로서는, 예컨대 처용의 탈이 왠지 아랍인의 얼굴을 닮은 것처럼 느껴진다.

《삼국사기》와《삼국유사》에 남아 있는 기록을 종합해보면, 신라 헌강왕 5년(879)에 왕이 개운포(지금의 울산)에서 놀다 경주로 돌아가려고 할 때, 동해 용왕의 조화(造化)로 온통 구름에 휩싸이자, 절을 세워 주니 용왕이 일곱 아들과 함께 나타나 춤을 추었고, 그 가운데 하나를 왕에게 딸려 보내어 보필케 하니 그가 바로 처용랑이라는 것은 한국 사람이라면 누구나 알고 있는 설화이다.

그런데 지금 남아 있는 처용탈로 미루어, 그를 아랍계라고 추정할 수 있겠다. 당시 신라는 중국(당)의 장안(서안)을 통해 아랍 상인들과 거래했던바, 9세기에서 15세기 사이에 17명의 이슬람 학자들이 쓴 200여 권의 책에는 아랍인과 신라인의 빈번한 접촉이 다루어졌다 한다. 그뿐 아니라, 경주 괘릉에 있는 무인상은 아무래도 처용탈을 연상시키는데, 또한 아랍인의 모습을 하고 있다. 이를 묘사한 한 문헌의 표현은 참으로 그럴듯하다.

부릅뜬 큰 눈이 치켜 올라갔고, 눈썹과 눈이 가까우며, 꺼풀진 눈은 들어갔고, 눈썹이 두드러졌다. 큰 코는 콧등이 우뚝하고, 아랫부분이 넓고 코끝이 처진 매부리 형상으로서, 콧수염 모양은 팔(八)자로 양 끝이 말려 올라갔다. 큰 얼굴에 광대뼈가 나오고 큰 입은 다물고, 입의 양 끝이 아래로 약간 처졌다. 귀밑부터 흘러내린 길고 숱 많은 곱슬 수염이 목을 덮고 가슴까지 내리 닿고 있으며,

곱슬 머리카락 또한 목 뒤로 흘러내리고, 머리에 중앙아시아식 터 번을 쓰고 있는 겉모습은 한 마디로, 심목고비(深目高鼻)한, 곧 눈이 들어가고 코가 높은 서역인(아리안계나 터키계의 인종)의 무인상인 것이다

고등학교 동기 가운데 성이 장씨인 친구가 있었는데, 본인은 자기 생김새가 말론 브란도 같다고 우쭐댔지만, 친구들은 제국 공주의 시종으로 따라온 '삼가'가 고려 여인과 결혼하여 덕수 장 씨의 선조가 된 것을 빗대어 그를 아라비아 장씨라고 놀려대었던 것도 이와 무슨 연관이 있지 않을까?

어찌 그뿐이랴! 고려가사 〈쌍화점〉(만두점)은 또 어떠한가? 조 선시대에는 이를 '남녀상열지사'(男女相悅之詞)라고 비난조로 불 렀다지만, "회회아비 내 손목을 주여이다"의 그 회회(回回)는 중 국에서 이슬람교가 위구르족(回紇族)을 통하여 전래되었으므로 회회교라 하고, 한국에서는 이를 줄여 회교라고 한 것과 결코 무 관하지 않아 보인다. 하기사 당시 송나라 수도를 왕래하던 색목 인 늙은이〔양주동〕, 북방인〔김완진〕, 터키계 중국 서역인〔박병 채〕, 몽고의 점령군〔정병욱〕 등등의 해석이 있긴 하다.

학문적으로 확인되지 않은 이야기를 이렇게 서두에 늘어놓는 것은, 미국의 이라크 침공을 둘러싼 여러 가지 논란과 함께 김선 일 씨가 아랍 테러리스트들로 추정되는 괴한들에게 살해되는 끔

찍한 장면이 여러 경로로 알려지자, 이에 대한 비난이 결과적으로 '복종과 평화' 를 뜻하는 이슬람에게 옮겨 붙어 이슬람성원에 대한 온당치 못한 침입과 난동이 일어나는 가운데 마침내 전국 경찰에 이슬람성원에 대한 '돼지피 테러 경계령' 을 내리는 등 소동이 일어났기 때문이다.

그쪽 전문가의 말에 따르면, 이슬람 세계에서 돼지고기를 금하는 것은 위생적 측면도 없지 않으나 인품의 순결을 지키게 하기 위한 조치로서, 그것이 결백한 인간성 수양의 필요성을 깊이 이해시키는 방향으로 인간을 선도한다는 것이다.

무슬림이 자신을 무슬림이라고 부르는 까닭은 《꾸란》과 무함마드의 어록을 성실하게 믿기 때문이다. 《꾸란》에서 신은 다음과 같이 말씀하셨다.

오! 인간이여, 땅 위에 있는 것 가운데 먹어도 되는 깨끗한 것을 먹도록 하라. 그리고 사탄의 발자취를 밟지 말도록 하라. 진실로 사탄은 너희의 공공연한 적이니라.(《꾸란》 2:68)

알라(하나님)께서 너희에게 먹지 말도록 금하는 것은 사육(죽은 짐승의 고기), 피, 돼지고기와 잡을 때 알라의 이름으로 잡지 않고 다른 이름을 부르고 잡은 것뿐이니라. 그러나 먹고 싶은 생각이 있어서 먹은 게 아니라든가 알라에게 죄지을 생각으로 먹은 게 아니

라, 할 수 없어서 먹었을 경우에는 죄가 되지 않느니라.(《꾸란》
2:173)

《꾸란》 구절에 "할 수 없이 먹었을 경우"란 기아상태에서 돼지
고기 이외의 다른 음식물이 없을 경우이거나, 돼지고기를 먹도록
총칼로 위협을 당한 경우로 볼 수 있다. 그러나 우상숭배를 강요
당했을 경우, 무슬림은 차라리 죽음을 택한다고 한다. 또한 무슬
림이 자존심을 버리고 돼지고기를 먹는다면, 그는 신념이 없는
사람, 파렴치하고 죄 많은 무슬림이 되어, 무슬림이 아닌 사람들
조차 일반적으로 돼지고기를 먹는 무슬림을 경멸한다. 그러나 힌
두교도가 쇠고기를 먹지 않는 것과 무슬림이 돼지고기를 먹지 않
는 것은 성격이 전혀 다르다. 힌두교도는 소를 신성시하지만, 무
슬림은 돼지고기를 멸시한다.

이슬람 문명이 우리와 인연을 맺은 것이 꽤나 오래되었다는 사
실을 강조하려다 보니 이야기가 잠시 곁길로 갔다. 그러나 공식
적으로 본다면, 이슬람교가 한국에 전파된 것은 최근의 일이다.

최초의 한국 이슬람교도는 일제강점기 때 만주로 강제 이주된
사람들 가운데 극소수가 그곳에 정착한 무슬림과 접촉하면서 생
겨났다. 광복 후 이들이 귀국하여 국내에 이슬람을 정착시키는
데 선구자 노릇을 했다. 국내에도 이미 한반도로 유입된 투르크
계 망명자들과 접촉하여 이슬람교도가 된 사람들도 있었다.

　본격적인 포교는 6·25 때 유엔군으로 참전한 터키군에 의해 시작되었다. 1955년 9월 한국이슬람협회가 창립되어 최초의 이맘을 선출했다. 이맘이란 이슬람공동체(움마)의 지도자를 뜻하는데, 아라비아어로 '전도자', '지도자'의 뜻이다. 1956년에 '청진학원'(淸眞學院)을 개설하여 교육사업을 실시했고, 1961년에는 문교부에 '한국이슬람협회'라는 사회단체로 등록했다. 1965년에는 격월간지《이슬람의 소리》를 창간하여 세계 267개 무슬림 단체에 무료로 배포함으로써 한국 이슬람의 국제적 활동의 기초를 마련했다. 1966년에 군소 교단을 통합하여 새로이 '한국이슬람교중앙연합회'가 발족되어, 1967년에 '재단법인 한국이슬람교'로 법인등록을 한 뒤, 1970년에 서울특별시 용산구 한남동에 이슬람성원인 모스크를 건립함으로써 한국 이슬람교가 본격적으로 정착하기 시작했다. 이에는 박정희 전 대통령의 배려도 작용했던 것으로 알려져 있다. 당시 정부가 터를 제공했고, 건물의 축조는 이슬람 각국의 기부로 이루어질 수 있었던 것이다.(1976년 5월 18일에 완공)

　모스크(mosque)는 이슬람교도의 예배소로서, 아라비아어의 마스지드(masjid), 곧 무릎 꿇고 머리를 대어 절하는 곳이라는 단어가 에스파냐어 메스키타나 프랑스어의 모스케를 거쳐 영어식으로 표기된 것이라 한다. 시간이 흐르면서 학교·병원·숙사 및

이슬람교도의 예배소인 모스크의 내부에는 기브라(예배의 방향)을 가리키는 미후랍이라는 벽감(壁龕)과 민발 이라는 설교단 등이 있고, 마루 전체가 카펫으로 깔려 있다.

왕이나 성자의 무덤에 딸린 건축물들이 많아지자, 예배소의 기능 과 함께 교육이나 사교의 장소로도 이용되었다.

예배하는 장소가 갖는 기능은 모두 공통되지만, 건축양식 면 에서 정해진 규칙이 없으므로 시대나 지역에 따라 모스크의 겉모 습은 큰 차이를 보인다. 주된 양식은 시리아 이집트형, 마그렙 에 스파냐형, 이란형, 오스만형, 인도형 등이 있다.

이슬람교에서는 도상(圖像) 표현이 금지되어 있기 때문에 모스크 안의 장식은 아라비아 문자를 도안화한 것이거나 아라베스크 무늬가 전부이며, 미후랍에서 가장 많은 장식을 볼 수 있다.

모스크는 보통 예배의 부름(아잔, azān)을 하는 미너렛(첨탑)과, 예배 전에 정결예식(우두, wuḍū)을 하기 위해 몸을 씻는 장소를 갖추고 있다. 또 내부에 기브라(예배의 방향)을 가리키는 미후랍이라는 벽감(壁龕)과 민발이라는 설교단 등이 있고, 마루 전체

194

가 카펫으로 깔려 있다.

모스크 안에는 제단과 같은 특별히 성스러운 장소는 없다. 이슬람교에서는 도상(圖像) 표현이 금지되어 있기 때문에 모스크 안의 장식은 아라비아 문자를 도안화한 것이거나 아라베스크 무늬가 전부이며, 미후랍에서 가장 많은 장식을 볼 수 있다. 이맘이 그 앞에 서서 예배를 인도한다.

3대 모스크에는 안 들어 있지만, 내가 터키 이스탄불에서 열린 연극회의 때 들러본 블루 모스크는 지금도 눈에 선하다. 정식 명칭이 '아메트 1세의 모스크'인 이 블루 모스크는 모스크 내벽을 장식한 타일이 푸른색이어서 붙은 이름이다. 유명한 궁정건축가 메메트 아가가 만들었다. 1609년 착공하여 1617년에 완성하였는데, 오스만제국의 고전 건축을 대표한다. 이스탄불의 가장 높은 지역에 있으므로 멀리서도 그 장대한 돔과 미너렛을 볼 수 있다.

모스크는 아메트 1세의 묘, 아드라사(교육설비), 무료급식소, 구호소와 함께 오스만제국시대의 고유한 왕립시설, 퀼리에를 구성한다. 대칭 구성을 한 웅대한 중앙회당식 예배당과 넓은 뜰이 있는데, 4개의 대리석 기둥이 받치고 있는 지름 23.5미터의 큰 돔은 넓은 공간을 만들어 많은 사람들을 수용할 수 있다. 안쪽 벽은 2만 천여 장의 청, 녹, 흑, 홍 등 화려한 색의 타일로 장식되어 있는데, 꽃나무와 과일을 표현한 회랑의 타일이 가장 아름답다.

예배단의 네 구석과 안뜰의 양 끝에 설치된 오스만제국 건축

고유의 가늘고 끝이 뾰족한 6개의 미너렛은 메카의 성 모스크의 7개 미너렛 다음 간다고 한다. 넓은 안뜰에는 규모가 작은 목욕 재계용 샘이 있다.

한국이슬람 서울중앙성원도 이와 같은 모스크의 기본 특징을 고루 갖추고 있다. 중국에 전파된 이슬람교의 사원은 청진사(淸眞寺)라 하여 절 모양을 하고 있으나, 우리의 경우에는 외형이 다분히 아랍적이고, 청색조의 타일이 주조를 이루기 때문에 내부 장식은 터키식이라고 해도 좋을 듯하다. 한남동 서울성원 입구에는 검은 돌에《꾸란》구절이 새겨져 있다. "누르 알라 누르 아흐다 알라 리누리히 만 야샤"(빛 위에 빛이라. 하나님께서는 원하는 이 모두를 그 분의 빛으로 인도하시느니라;《꾸란》24:35)

모스크는 앞에서 말한 대로 예배드리는 곳이고, 예배는 반드시 그 대상이 있게 마련이다. 그분이 바로 유일신 알라이다. 어원으로는 신을 뜻하는 '일라'(ilah)에 정관사 '알'(al-)이 붙은 '알일라'의 음이 잘못 전해진 것이라 한다. 이미 이슬람교를 믿기 전부터 알라는 지상신(至上神)으로서 숭배되어 왔으며, 이슬람교에서는 신앙고백에 "알라신 이외의 신은 없다"(La ilaha illallah)고 씌어 있는 대로, 알라 말고는 어떠한 신도 인정하지 않는다. 또한 《꾸란》에는 "신은 아름다운 이름을 가지고 있다. 그것들을 사용하여 신에게 기도하라. (7:180)"고 씌어 있다.

하디스(hadith; 傳承)에 따르면 신은 99개의 이름을 가지고 있다고 하는데, 그 가운데 알라는 다른 모든 이름을 포함하는 최고의 이름이며, 신의 고유명사이기도 하다. 알라는 절대적 초월적 존재임과 동시에 신인동형론적(神人同形論的)인 표현도 많이 볼 수 있어 그 신학적 성격이 오묘하면서 모순도 있다.

한편, 어느 종교에서나 그 주된 신앙대상의 이름이 아니라, 그의 계시를 가장 분명하게 알려준 사람의 이름으로 그 종교의 이름이 통칭되는 경우가 흔하다. 예수교(기독교)가 바로 대표적인 예라 할 것이다. 이슬람교 역시 흔히 무함마드교라고 불린다. 그 이유는 무엇일까? 그것은 이슬람교의 창시자 이름과 연관된다.

이슬람교의 창시자는 무함마드(Muhammad)이다. 570년 무렵 메카의 쿠라이시족 하심(Hashim)가에서 태어났다. 어린 나이에 부모를 여의고 조부 압둘 무탈리브에게 양육되었으며, 조부가 사망한 뒤에는 숙부 아부 탈리브에게 양자로 갔다. 소년시절 숙부의 소개로 알게 된 부유한 미망인 하디자의 일을 돕다가, 그녀와 결혼하게 되었다. 이때 무함마드는 25세, 하디자는 40세였다. 그는 차츰 생활에 안정을 얻고 3남 4녀를 두었지만, 아들은 모두 일찍 죽었다.

이때부터 무함마드는 메카 교외의 히라산 동굴에서 기도와 명상에 잠기는 생활을 하게 되었다. 610년 어느 날 밤, 히라산 동굴에 갑자기 천사 지부릴(가브리엘)이 나타나서 처음으로 신의 계시를 받았다. 혼란과 고뇌 속에서 마침내 그는 자신이 예언자임을 깨닫고 주위 사람들에게 가르침을 설교하기 시작하였다. 그러나 유일신 알라의 가르침, 곧 종말·부활·심판, 천국과 지옥, 신앙과 선행으로 구제(救濟)하고 믿지 않는 자에게 내리는 벌 등은, 메카의 다신교·상인윤리·부족윤리와 양립될 수 없는 것이어서, 대부분의 메카 사람들에게 비웃음과 반감을 사고 박해를 받았다. 615년에 그는 연안 건너 아비시니아(이티오피아)로 약 80명의 신도를 피신시켰다. 619년에 그를 보호해주던 숙부와 아내 하디자를 잃었으며, 선교활동은 쿠라이시족의 박해로 무너지는 것처럼 보였다.

그러나 620년, 판테온·카바 신전을 순례하기 위하여 메카를 방문한 이교도인 야스리브(지금의 메디나)인들이 무함마드의 설교를 듣고 감명을 받았다. 당시 메디나에는 유대교도 부족 외에 아우족과 하즈라지족이라는 두 아랍 부족이 있었는데, 이들은 오랫동안 대립·항쟁하고 있었다.

무함마드의 설교를 들은 순례자들은 그를 조정자(調停者)로 추대하였고, 그도 선교의 좋은 기회로 생각하여 622년 9월, 70여 명의 신도들과 함께 비밀리에 메카를 탈출하여 메디나에 도착하였다. 이것을 히즈라(Hijrah; 또는 헤지라, 聖遷)이라고 부르는데, 뒷날 이해를 이슬람력(曆)의 원년으로 삼았다.

이곳에서 이주자 약 70명과 메디나의 원조자 약 80명이 함께 무함마드를 예언자로 인정하는 작은 이슬람 공동체(umma)를 만들었다. 무함마드를 예언자라고 받아들이기는 했지만, 조정자의 지위에 있었기 때문에 조정에 실패하면 그의 예언자로서의 지위는 수포로 돌아가는 것이었다. 또한 메디나 사회에는 유대교를 비롯하여 그의 지도를 좋아하지 않는 사람들이 많았고, 더구나 메카의 대상(大商)들로서는 메디나에 있는 이슬람교도의 존재가 시리아 지방으로 가는 교역로를 위협하는 것이 되므로 인정할 수 없었다.

이러한 상황에서 여러 가지 곤란과 장애를 극복하고 사명을 완수하는 데에는 종교적 지도자로서는 물론, 뛰어난 정치적 지도자의 능력도 요구되었다. 624년 메디나로 이주한 자들에게 자활의 길을 열어주고, 메카에 경제적 타격을 주기 위하여 시리아에서 돌아가는 메카의 상인들을 공격하였다. 메카에서도 증원부대를 보냈지만, 메카와 메디나의 중간지점인 바도르에서 격파하였다. 625년 우후드산 아래에서 메디나측은 다시 메카측과 교전, 이번에는 메디나측이 상당한 타격을 입었다.

그 뒤 무함마드는 한동안 내정과 포교에 힘썼다. 이 무렵 이슬람교도에 대한 협력이 기대되었던 유대교와 관계가 악화되고, 메디나측을 배반했던 쿠라이시족 등이 무함마드의 명령으로 멸망되는 일이 있었다. 627년 싸움에서는 메카 측이 메디나를 포위하려 했으나 실패로 끝났다.

그동안에 그는 군사적 승리를 이용하여 유대교도와 불만분자들을 배제하는 한편, 외교교섭으로 주변 아랍부족들을 개종시키고 동맹을 맺어서 내외에 자신의 정치적 입장을 강화해 나갔는데, 이것이 그의 인덕과 종교적 권위를 한층 높여 주었다.

630년, 무함마드는 메카로 군대를 진격시켜 무혈정복에 성공하였으며, 카바신전에 있는 모든 우상들을 없앴다. 아랍부족 가운데 유력한 쿠라이시족이 무함마드의 권위에 복종하자, 아라비아반도 전역에 그의 위력이 알려져 많은 부족들이 메디나에 사절을 보내와 맹약을 맺고, 이슬람 신앙을 받아들였다. 무함마드는 632년, 메카 순례를 끝내고 메디나에 돌아갔는데 얼마 뒤 세상을 떠났다.

그렇다면 무함마드는 신앙의 대상인가? 이슬람교에서는 신 이외의 모든 것은 그 피조물로서 신과 구별되며, 그런 것들을 신격화하는 것을 엄격하게 부정된다. 예언자도 예외는 아니어서 《꾸란》에도 반복하여 강조되는 것처럼 무함마드는 '한 사람의 경고자 (53:56)' '보통인간, 한 사람의 사도 (17:93)' 에 지나지 않는다. 그러나 그를 만났던 사람이나 그를 경애하는 신도들에게 무함마드는 '보통 인간' 이 아니었다. 여러 시대에 걸쳐 많은 사람들에게 그는 이상적인 무슬림의 본보기였고 초인적인 존재였다. 서민에게는 기적의 집행자였고, 법학자에게는 그에 대한 복종이 곧 신에 대한 복종이었으며, 그의 언행은 《꾸란》에 이어서 신적 권위를 가지고 있었다. 이슬람 신비주의자들에게 그는 이상적인 신비주의자였고, 그의 본질은 우주창조에 앞장선 신의 선재적(先在的) 로고스(logos)였으며, 그에게서 철학자는 이상적인 철인(哲人)을, 근대주의자는 최고의 도덕적 완성자를 발견하였다. 이처럼 무함마드는 시대를 초월하여 이슬람교도의 신앙을 북돋아주고 있다. 그는 무슬림이 하나님의 사도로서 동등하게 믿는 이브라힘(아브라함), 무사(모세), 이사(예수)와 마찬가지로 하나님의 계시를 받고 그분의 뜻에 순종했기에 깊은 존경의 대상이기는 하나, 결코 신앙의 대상은 아니다. 다만 예언자 무함마드에게 계시된 말씀은 포괄적이고 완전하며 최종적인 형태의 이슬람이라고 인정될 뿐이다.

창시자조차 예배 대상이 아니라면, 성직자는 더 말할 것도 없을 것 같다. 아니, 이슬람교에는 원칙적으로 성직자가 존재하지 않는다. 이 점은 이슬람이 기독교, 유대교, 불교 등 다른 종교와 구별되는 중요한 차이점들 가운데 하나다.

이슬람은 인간과 하나님 사이에 어떠한 영적 중간 매개체도 인정하지 않는다. 그러므로 무슬림들은 중간 매개체를 거치지 않고 언제나 하나님과 직접 대화할 수 있다. 무슬림들은 성장 과정에서 이슬람을 체계적으로 배우며, 이를 바탕으로 누구나 선교사나 종교 교육자로 활동할 수 있는 자질을 터득한다. 따라서 이슬람은 종교 교육자나 선교사 등 따로 성직자를 둘 필요가 없다. 곧 모든 무슬림들은 누구나 종교 교육자이고 선교사이며, 부자, 가난한 자, 젊은 사람, 나이든 사람, 학자, 무식한 자, 여행자 등 누구에게나 예배를 인도하는 이맘이 될 수 있는 자격이 주어진다. 또한 이맘의 지위를 얻기 위해 성직수임식이나 안수식 같은 특별한 예식은 필요치 않으며, 종교학교를 반드시 졸업해야 할 필요도 없다. 따라서 기독교의 성직자와 같은 특별한 영적 권위와 자격을 갖춘 사제집단이 이슬람에는 존재하지 않는다.

이슬람에서 모든 무슬림은 예배·단식·순례 등 종교의 의무를 수행해야 하며, 이맘도 이러한 의무 면에서는 마찬가지다. 대

무슬림들은 성장 과정에서 이슬람을 체계적으로 배우며, 이를 바탕으로 누구나 선교사나 종교 교육자로 활동할 수 있는 자질을 터득한다. 따라서 이슬람은 종교 교육자나 선교사 등 따로 성직자를 둘 필요가 없다.

체로 그는 그가 속한 모스크 구성원들의 추대를 받는다. 일반 신도들은 일상적인 직업 때문에 정규 예배시간에 늘 참석할 수 없지만, 그는 모스크에 고용되어 모스크지기로 상주한다. 그렇지만 예배에 모인 사람이면 누구라도 필요에 따라 그의 역할(이맘)을 대신할 수 있으며, 규정된 모든 종교의식을 치를 수 있다. 종교법이 요구하는 모든 사항을 일반신도가 대신하여 만족시킬 수 있는 것이다.

인간의 영혼과 육신은 오로지 하나님의 소유이다. 이슬람은 하나님의 본질과 인간의 본질을 완전히 별개로 나누며, 창조주와 인간 사이의 직선적 관계를 강조한다. 이슬람에서 하나님은 유일한 절대적 존재이며, 인간은 하나님을 경외하고 하나님의 의지에 절대적으로 복종하는 피조물에 불과하다. 이맘과 마찬가지로 이슬람 공동체의 수장인 칼리파도 하나님 앞에서는 평신도의 일원일 뿐이다.

작은 지면에, 더구나 이슬람을 조금이나마 알고자 하는 한낱 구도자적 존재에 지나지 않는 나로서는 이슬람과 관계된 모든 사항들을 언급할 도리가 없다. 다만 이슬람의 다섯 기둥을 피해갈 수는 없기에 그 뼈대만 적어본다.

다섯 기둥의 첫째는 신앙고백(Shahada)이다. "알라 외에는 신이 없다."

그러나 이슬람은 단순한 의식주의를 가르치거나 받아들이지는 않는다. 이슬람은 의도와 행동을 강조한다. 하나님을 숭배하는 것은 하나님을 알고 하나님을 사랑하며 삶의 모든 면에서 하나님의 율법에 따라 행동하고 선을 요구하며 악행과 박해를 금하고 자선과 정의를 실행하며 인류에게 봉사함으로써 하나님을 섬기는 것이다. 꾸란은 이러한 개념을 다음과 같이 제시하고 있다.

이슬람의 가르침과 율법의 기본적인 원천인 《꾸란》. 《꾸란》은 모든 면에서, 즉 신념, 도덕성, 인류의 역사, 예배, 지식, 지혜, 하나님과 인간 사이의 관계 그리고 이에 대한 근본 원리를 다루고 있다.

하나님은 오직 한분이시고, 영원하시며, 성부와 성자를 두지 않으셨으며, 그분에 비유될 수 있는 것은 아무것도 없느니라. (112장)

둘째는 예배다. 매일 다섯 차례씩 하나님께 드리는 예배는 하나의 의무로서 행한다. 예배는 하나님에 대한 믿음을 강건하게 하고 활기를 북돋아주며 인간에게 더 높은 품성을 가지도록 이끈다. 그리고 마음을 정화하고 사악한 것에 대한 유혹으로부터 지켜준다.

너희들이 얼굴을 동과 서로 돌리는 것만이 올바른 신앙은 아니니라. 그러나 하나님과 최후의 심판일, 천사들, 성서들 그리고 선지자들을 믿고, 하나님을 위한 사랑으로 너희들의 친척, 고아들, 가난한 사람들, 여행자들, 도움을 청하는 사람들 그리고 노예들의 몸값을 위하여 너희들의 재산을 사용하며, 꾸준히 예배를 드리고, 정기적으로 자선을 행하며, 그리고 너희가 맺은 계약들을 이행하고, 고통과 역경 그리고 공포의 모든 시기를 통하여 변치 않고 인내하는 것은 옳은 일이니라. 그와 같은 사람들은 진실하고 하나님을 두려워하는 사람들이니라. (2:177)

무슬림들이 신앙의 표준으로 삼는 《꾸란》과 하디스(Hadith)에 대해 조금 설명하고 넘어가는 것이 좋을 듯하다.

《꾸란》은 하나님께서 마지막으로 계시하신 말씀으로서, 이슬람의 가르침과 율법의 기본적인 원천이다. 《꾸란》은 모든 면에서, 신념·도덕성, 인류의 역사, 예배·지식·지혜, 하나님과 인간 사이의 관계 그리고 이에 대한 근본 원리를 다루고 있다. 광범위한 가르침 위에서 사회정의·경제·정치·법률제정·법체계, 그리고 건전한 국제관계의 체제가 성립될 수 있다는 것은 《꾸란》의 중요한 내용이다.

무함마드는 문맹이었기에, 《꾸란》은 그가 살아있는 동안 그의 관리 아래, 추종자들이 암기하고 기록하였다. 그 뜻을 여러 언어로 번역한 해설서가 광범위하게 사용되지만 원형 그대로인 완전한 《꾸란》 구절은 계시되었던 언어인 아랍어로 모든 사람에게 통용될 수 있을 뿐이다. 예언자 무함마드의 가르침, 말씀 그리고 행동을 기록한 하디스는 그의 절친한 교우들에 따라 매우 신중하게 수집·기록되었으며 《꾸란》의 절들을 해설하고 상세히 설명한다.

앞에서 말한 대로 무슬림들은 하나님이 본질적으로 모든 예언자들에게 동일한 말씀과 인도를 계시해주었다고 믿는다.

> 우리는 하나님을 믿고, 우리에게 계시된 것과 아브라함, 이스마일, 이삭, 야곱 그리고 그들의 자손들에게 계시되었던 것을 믿노라. 그리고 우리는 그들의 하나님으로부터 모세, 예수, 그리고 예언자들에게 내려졌던 성서들을 믿노라. 우리는 예언자들을 차별하지 아니하며, 그리고 오로지 하나님께만 경배를 드리나이다. (3:84)

그러나 동시에 무슬림들은 무함마드 이전에 계시된 성서들이 번역과정에서 내용이 바뀌었거나 위정자들이 정치적·경제적 목적으로 일부 내용을 수정했기 때문에 이미 하나님의 말씀이 아니라고 본다. 실제로 무슬림들은 유대인 자신들이 신의 선택을 받은 민족이라고 묘사하기 위해서 구약(Torah)의 몇 구절을 바꾸

었거나, 또는 기독교인들이 예수를 신이라고 증명하기 위해 복음
서를 다시 쓴 것은 아닌지 묻고 있다. 오직《꾸란》만이 계시된 이
후부터 한 점 한 획도 바뀌지 않고 그대로 우리에게 전해진 완벽
한 하나님의 말씀이라는 것이다.

　《꾸란》은 계시된 장소에 따라 메카에서 계시된 장과 메디나에
서 계시된 장으로 나뉜다. 뒷부분의 짧은 장들은 주로 메카에서
계시된 장으로서, 길이가 짧은 대신 상징적, 은유적인 표현이 많
아 이해하기 어려운데, 신의 전능과 다가오는 심판의 날에 대한
경고를 강조하는 내용이 주를 이룬다. 이와 달리 앞부분의 긴 장
들은 메디나에서 계시된 것으로서, 실생활의 구체적인 규범들로
가득 차 있다.《꾸란》은 아랍어로 계시되었지만, 그것을 다른 언
어로 번역하기 위해서는 오역이나 내용이 달라지는 것을 막기 위
해 엄격한 절차를 거쳐야 한다. 그렇게 번역된 것은 앞서 말했듯
이 단지 '주해서' 혹은 '해설서'로 간주될 뿐이다.

　《꾸란》은 수많은 아랍 민족들을 시·공을 초월해 하나로 묶는
데 큰 구실을 했다. 곧,《꾸란》의 언어는 북아프리카 서쪽 끝에서
부터 아라비아 남부의 예멘에 이르기까지 아랍어를 사용하는 20
여 개 국의 표준어일 뿐 아니라, 1400여 년 동안 변함없이 꾸준하
게 읽혀 내려왔기 때문에 계시 당시의 아랍인은 물론 현대의 아
랍인들도 별 어려움 없이 의사소통을 할 수 있다. 1400년이 지난
지금도《꾸란》을 낭송할 때 원어로 읽기를 권장하는 것은 이러한

무슬림들은 매일 다섯 번씩 정해진 시간, 즉 하얀 실과 검은 실이 구별될 즈음의 일출 전 새벽, 정오, 오후, 일몰 시, 일몰 후 한 시간(밤)에 메카를 향해 예배를 드린다.

이유이며, 하나님의 약속대로, 계시 받은《꾸란》의 원본은 그 정통성을 유지하며 그대로 보존되어 있다.

무슬림들은 매일 다섯 번씩 정해진 시간, 곧 흰 실과 검은 실이 구별될 즈음인 일출 전 새벽, 정오, 오후, 일몰, 일몰 뒤 한 시간(밤)에 메카를 향해 예배를 드린다. 하루 다섯 차례의 예배가 이슬람이 생활 속의 종교로 자리 잡는 데 큰 구실을 했으며, 정확한 예배시간을 맞추려는 노력과 메카를 향한 예배 방향을 맞추려는 노력이 이슬람의 천문학과 기하학을 발달시키는 요인이 되었다고까지 이야기된다.

그러고 보면 우리가 지금 쓰고 있는 숫자도 예배의 연속에서 나온 셈이다. 예배를 드리기 전에 항상 '우두' 라고 불리는 세정(洗淨)을 하는데, 이는 신체(손, 입안, 콧속, 얼굴, 팔, 머리, 발)의 청결뿐 아니라, 마음을 청결하게 하기 위한 것이다. 무슬림들은 어디서나 예배 드릴 수 있으나, 남자들은 집단으로 모스크에서 행하도록 권장하며, 여성은 보통 가정에서 한다. 최근 여자도 모스크에 들어가는 것을 허락하는, 참으로 혁신적인 변화가 일어나긴 했지만, 아직 보편적이지는 않다.

예배는 메카를 향해 정중하게 서서, 두 손을 양귀에 갖다 댄 다음, 두 팔을 가슴 앞에 교차한 뒤 허리 굽혀 절하고, 바닥에 이마를 댄 채 무릎 꿇고 절하고, 공경하는 마음으로 앉는 자세 등을 취하면서 《꾸란》의 구절들을 낭송한다. 예배 전에 약 20분 동안 이맘이 《꾸란》해설을 하지만, 이는 예배의 일환이 아니다.

또한 뒷줄에 선 왕이나 부자가 신 앞에 엎드리다 보면 앞줄에 선 노예나 걸인의 발꿈치 쪽에 머리를 조아리게 된다. 세상에서 이보다 더 확실한 평등은 없다는 것이 그들의 해석이다.

셋째는 단식(Saum)이다. 무슬림은 이슬람력 9월(라마단) 한 달 동안 일출부터 일몰까지 낮 시간에 단식을 해야 한다. 이슬람에서 단식은 단지 먹고 마시기뿐 아니라, 흡연, 거친 말, 그리고 거친 행동도 삼가며, 심지어 성행위까지 자제한다. 이슬람 세계에서 단식은 먹는 일과 굶는 일을 반복함으로써 한 달 동안 매일 비슷한 시간에 배고픔의 고통을 반복해서 느끼는 것이다. 이를 체험함으로써 가난한 자의 고통을 알게 해주고, 나아가서 여유 있는 사람들이 부족한 사람들을 돕도록 유도하는 사회적인 목적을 지니고 있다는 것이다. 따라서 부의 재분배가 이루어지며, 단식 행위를 함께함으로써 무슬림 공동체의 결속을 꾀하는 부수적인 효과도 보게 되는 셈이다.

라마단 기간에 병에 걸렸거나 장거리 여행중인 무슬림은 단식의 전부 또는 일부를 적당한 시간으로 연기할 수 있다. 노약자, 임산부, 수유중인 어머니, 생리중인 여성, 전쟁을 수행하는 병사들, 만성적인 병으로 고통을 받고 있는 무슬림은 면제된다. 단식이 끝난 다음날인 이슬람력 10월 1일은 파제절(罷祭節, Eid al-Fitr)이라고 불리는 이슬람의 2대 축제 가운데 하나가 거행된다.

넷째는 희사(喜捨, Zakat)이다. 기독교의 십일조와 비슷하게 이슬람에서는 1/40을 희사로 바친다. 그러나 십일조와 이슬람의 희사제도에는 분명한 차이가 있다. 이슬람의 희사제도는 자기 수입의 1/40이 아니라, 자기 순수입 또는 순수저축액의 1/40을 희사한다는 점이 다르다. 이슬람에서는 꼭 물질적인 희사뿐 아니라, 정신적인 구호도 희사로 여긴다. 예컨대 다른 사람을 올바른 길로 인도한다거나, 언제나 밝은 웃음으로 인사함으로써 공동체에 유익한 행위를 한다거나, 몸이 불편한 장애자들을 돕는 행위 등도 희사에 들어간다. 따라서 수입이 없거나 오히려 부족한 사람들은 물질적 희사보다는 정신적 희사로 대신함으로써 상대적인 박탈감이나 열등의식에서 벗어날 수 있다.

《꾸란》에는 이렇게 모금된 희사금을 어디에 사용해야 하는지 분명히 밝히고 있다. 가난한 사람들, 재난을 당한 사람들, 여행자들, 이슬람 선교에 종사하는 사람들, 이슬람을 공부하는 유학생들 등에게 써야 한다.

다섯째는 성지순례(hajj)로서, 이슬람력 12월의 메카 순례를 말한다. 모든 성인 무슬림은 신체적 건강과 경제적 여유가 있는 한, 한 해 한 번, 적어도 일생에 한 번은 이슬람의 성지인 메카를 순례해야 한다. 순례자는 바느질되지 않은 천 2장으로 몸을 감싸고 순례한다. 메카의 카바 성전 주위를 돌고, 그 벽 한모퉁이에 있는 검은 돌에 입을 맞추며, 사파(Safa)와 마르와(Marwa) 언덕을 돌고, 악마를 나타내는 미나(Mina) 근처에 돌을 던지며, 그곳에서 양을 희생으로 바치고, 아라파트(Arafat) 평원에 모이는 등의 일정한 의식이 정해져 있다.

사파와 마르와 사이를 일곱 번 도는 것은 이스마일의 어머니 하갈이 메카로 이주한 뒤, 미친 듯이 물을 찾아다닌 것을 기리기 위한 것이며, 양을 바치는 것은 아브라함이 신의 명령에 따라 이스마일(무슬림은 이삭이 아니었다고 믿는다)을 제물로 바치려 했던 사실을 기리기 위함이다. 이 양을 제물로 바치는 풍습은 이슬람의 2대 축제 가운데 하나인 희생제(Eid al-Adha)를 탄생시켰다. 역사를 통해 순례의식은 무슬림을 단결시켰고, 그들 사이의 인종적, 언어적, 그리고 정치적 장벽을 허무는 데 기여했다.

위의 다섯 기둥들은 이슬람의 여섯 믿음인 창조주 유일신에 대한 믿음, 천사와 사탄 등 보이지 않는 형이상학적 존재에 대한 믿음, 성서들에 대한 믿음, 선지자와 예언자들에 대한 믿음, 심판의 날에 대한 믿음, 그리고 정명(定命)에 대한 믿음의 기초가 된다.

우리는 이제까지 이슬람에 대한 아주 기초적인 사항들을 살펴보았다. 그런데 이슬람에 관해서, 그 가운데서도 어떤 현상이나 제도, 사건에 대해서 이야기할 때, 일반적으로 사람들의 편견이나 선입관이 작용한다는 점을 짚고 넘어가지 않으면 안 된다.

다시 말해, 이슬람과 아랍, 또는 이슬람과 그 지역을 동일시함으로써 이슬람과 그 사회제도를 상당히 잘못 이해하고 있다. 예컨대 대부분의 사람들이 이슬람의 관습(혹은 제도)이라고 생각하는 일부다처제는, 오랜 역사에 걸쳐 거의 모든 곳에서 자행되어 온 제도이지만, 이슬람에서 말하는 일부다처제는 크게 세 가지로 나누어 설명된다.

1. 일부다처는 권장사항도 아니고, 의무사항은 더더욱 아니다. 《꾸란》에서는 일부일처를 최선으로 보고 있으며, 현재 무슬림 가운데 2퍼센트도 채 안 되는 사람들만이 둘 이상의 부인과 살고 있다. 그럼에도 대부분의 사람들은 모든 무슬림이 일부다처를 할 수 있고 또 하려고 한다고 믿고 있다. 이것은 이슬람의 여성관을 왜곡하는 데 크게 작용하고 있다.

2. 일부다처는 전쟁뿐 아니라 그 밖에도 까다로운 제약조건을 두고 있어, 그 내용과 원칙 면에서 볼 때 남성의 성적 충족[축첩]을 위한 장치가 아닌, 여성을 보호하기 위한 제도이다. 성욕을 위해 일부다처를 행하는 것을 이슬람에서는 죄악시한다.

3. 어느 종교든, 어떤 사회든 항상 법이나 제도를 잘못 이용하는 사람들이 있게 마련이다. 여성을 보호하기 위해 차선책으로 제시하는 일부다처를 자신의 성적 욕구 충족을 위해 악용하는 일부 무슬림들이 있는 것은 사실인데, 특히 돈과 권력을 쥔 사람들 가운데

Prince Sultan I

그런 경우가 많다. 종교를 가진 모든 사람이 그 가르침에 충실히 살아가는 것은 아니다. 이것은 모든 종교에 해당하는 사실이지만, 그럼에도 특히 이슬람에 대해서는 많은 부분들이 과장되어 있고, 잘못 알려져 있으며, 부정적인 부분들만 유난히 강조되는 경향이 있다.

일부다처를 할 수 있는 조건은 다음과 같다.

1. 전쟁이나 기타 재난 등으로 말미암아 남성의 수가 급격히 줄어들었을 때, 이슬람에서는 남녀 모두의 성욕을 합법적으로 적절히 해소되어야 한다고 본다. 따라서 사회 문란이나 사생아 출산 등을 초래할 수 있는 간음을 엄격히 금하는 한편, 일부일처만으로는 해결이 되지 않을 경우 또 다른 완충장치가 필요하다.
2.첫째 아내가 질병으로 말미암아 정상적인 부부관계를 유지할 수 없는 경우.
3.다른 어떤 여성이나 고아들을 돌보아주어야 할 필요가 있어 결혼하는 경우.

그러나 이 모든 경우에도 이미 혼인한 부인들의 동의 없이는 다른 부인을 맞이할 수 없고, 이슬람에서 보장하는 여성의 권리로 보아 부인은 자신의 권리가 침해되고 무시당했다고 여겨질 때

이혼을 요구할 수 있다. 부인의 동의를 구하지 않은 중혼은 위법이다. 또한 둘 이상의 여성과 중혼을 한 경우, 남성은 부인들에게 육체적, 정신적, 물질적으로 완전히 동등한 대우를 해주어야 한다. 그러나 이는 실제로 불가능하므로,《꾸란》에서는 한쪽에 치우친 여성들로 만들지 말라는 말씀과 함께 일부일처가 최상임을 강조하고 있다.

이처럼 일부다처는 엄격한 조건과 제한된 설정으로 말미암아 실제로 특별한 경우를 제외하고는 행해지지 않는 하나의 완충장치에 지나지 않는다.

요컨대, 모든 제도나 규정들은 서로 깊은 관련을 맺고 있기에, 하나만을 따로 떼어놓고 볼 때에는 이해하기 힘든 것들도 그 맥락 안에서는 이해가 되는 경우가 많다. 많은 사람들이 이슬람의 여러 가지 규정들을 분리하여 곡해하거나 왜곡하고 있는데, 이 점은 충분히 경계하여야 한다는 것이 이슬람 쪽의 의견이다.

이런 맥락과는 약간 다르지만, 이슬람을 '악의 축'이라고 운운하고 '문명의 충돌'을 당연시하는 것은 상당히 왜곡된 태도라는 지적은 일리가 있다. 우리는 무엇보다도 이슬람 신도가 꾸준히 늘고 있는 것으로 그 증거를 삼을 수 있다. 우리나라에는 현재 내국인 3만 5천 명, 외국인 10만 명 가량의 신도가 있는 것으로 추정되며, 이들을 위한 모스크만도 서울, 부산, 전주, 그리고 경기도 일대의 광주, 안양, 파주, 안산 등 여섯 곳에 있고, 부평에도 2004

년 10월에 이슬람성원이 문을 열었다.

이슬람, 특히 아랍인들 가운데는 콧수염을 기르는 사람들이 많은데, 그것은 '순나' 때문이다. 순나는 이슬람을 전한 사도 무함마드의 언행을 따르는 것을 말한다. 가장 완벽했던 무슬림이었던 무함마드의 말과 행동을 따름으로써 종교적으로 충실한 신앙생활을 할 수 있으며, 많은 축복을 받을 수 있다는 것이다.

하지만 이슬람에서 순나는 의무가 아니고 일종의 권장사항 같은 것으로서, 주어진 모든 의무를 다하는 가운데 순나를 따라 지킨다고 한다. 수염을 기르는 것도 무함마드가 생전에 수염을 길렀기 때문인데, 우리 사이에 콧수염을 기른 사람들이 많아진다고 해서 나쁠 것이 없지 않은가? 오히려 멋스럽지 않은가!

여기서 더욱 뜻있는 일은, 비록 성공하지 못했지만, 김선일씨 피랍 사건 때 한국이슬람교중앙회에서 전 세계 이슬람들에게 그의 구출을 호소한 것이다. 사건 후 한국이슬람교중앙회는 한국무슬림 모두의 이름으로 이러한 행위를 반이슬람적, 반인륜적 행위로 규탄하면서 이슬람교가 평화와 형제애의 종교임을 다시 한 번 밝힌 바 있다.

바로 2년 전에 김선일 씨를 납치하여 살해한 폭력적인 저항세력의 중심인물 아브 무사브 알 자르카위가, 뒤에 미군의 폭행으로 숨졌을 가능성이 있다는 보도가 났지만, 미공군의 폭격에 따라 살해되었다는 뉴스(2006년 6월 7일자)를 접하고 보니 새삼스

럽게 이슬람교의 정체성에 관심을 갖지 않을 수 없게 된다. 그러
나 그 진의가 진심으로 받아들여질 때, 세종대왕께서 음력 정월
초하룻날 경복궁 경회루로 회회교 대표를 맞아들여 '회회송축'
을 들으셨듯이, 좀더 많은 사람들이 이슬람교에 대한 편견을 버
리고 호의적인 반응을 보일 것이라고 믿는다.

부록 거주와 건축의
인문학적 의의

이 글은 거주와 건축의 의의에 대한 신학적 해명을 시도한 폴 틸리히(Paul Tillich)의 접근과, 이와 연관된 논의를 검토함으로써 현대문명 속에서 건축, 특히 종교 가운데서도 기독교의 건축이 지향함직한 방향을 찾으려는 의도를 지니고 있다. 이를 위해서는 우선 도시에 관한 기초적인 논의가 이루어져야 하는데, 나는 〈도시재생과 환경미학, 그리고 박물관〉이라는 글에서 다음과 같이 쓴 적이 있다.

20세기의 도시계획에서 건축이 너무나도 '개인적'인 것이 되어, 도시들은 고작 건축적인 자기 판촉(self-promotion)을 위한 놀이터가 되고 말았다. 이는 도시 기능이 삶을 위한 기초를 제공하기보다는, 변화하는 미적 기준들을 만족시키는 것에 급급했음을 뜻한다. 따라서 앞으로 건축과 디자인은 다시금 그 주민들이 필요로 하는 것, 도시의 요구들, 그리고 우리가 직면한 생태학적 딜레마들을 고려하지 않으면 안 된다. 이런 의미에서 도시계획은 좀더 객관적이 되어야 하고, 개인의 욕망과 기호들을 위한 실험장을 확보하려는 경향으로부터 거리를 두어야 한다. 이와 같은 상황에서 환경디자인이야말로 환경생태학의 정치적, 윤리적 핵심을 분명하게 말하는 주요 기관이 아닐 수 없고, 이 분야만이 우리의 담론을 개인적인 것과 그 미학적 비유들로부터 떼어놓는 동시에 시민들의 삶에 동참하는 쪽으로 옮겨 놓을 수 있다는 기대가 날로 커지고 있다. 그러나 공공

디자인의 실천이 하나의 원리가 되어야 한다는 이와 같은 주장에 대한 본격적인 논의는 환경미학의 핵심에 속한 만큼, 이에 대한 논의는 여기서보다 다른 곳에서 좀더 본격화해야 한다.

도시환경에 대한 연구가 다양하게 이루어져 오던 가운데, 정치적, 경제적, 사회적, 건축적, 역사적 연구들이 다수를 차지했던 바, 이러한 연구들을 철학적으로 고려하거나 철학을 분명하게 강조해야 할 필요성이 점차 늘고 있다. 그럼에도 철학자들이 도시환경의 문제를 소홀히 해 왔다는 것 또한 숨김없는 사실이다. 다시 말해서, 주목받을 만한 이유가 충분한데도 이 주제가 인문학적으로 별로 주목을 받지 못했다는 것이다. 그러나 오늘날 사람들 대부분이 그 안에서 살아가는 도시환경과 관련된 많은 질문이 제기되고 있으며, 이러한 질문의 대부분은 철학적인 성격을 지닌다고 할 수 있는바, 그 가운데는 인간 존재 및 존재 전체의 본성과 관계되는 생각들로 이어지는 문제도 포함된다.

말하자면, 이 작업은 그와 같은 문제의식을 직·간접적으로 반영하고자 하면서, 한 때 건축가의 꿈도 지녔던 철학적 신학자 틸리히의 건축에 대한 이해를 먼저 다루려 한다.

I

그는 〈거주, 공간, 그리고 시간〉이라는 글에서 다음과 같은 요

지로 이 문제들을 다룬 바 있다.[1] 이 세 가지 가운데 공간과 시간
은 가장 높은 단계의 철학적인 추상작용의 결과임과 달리, 거주
는 구체적인 현실을 가리킨다. 그는 만일 철학을 친밀한 것, 구체
적인 것, 일상적인 것 속에 잠복해 있는 형이상학적인 차원의 해
석이라고 한다면, 이러한 규정은 결코 무리가 아니라며 자신의
문제의식을 정당화하고 있다. 거주 또는 거주공간이란 몸 가까운
일상의 것으로서, 사소하지만 의미를 지닌 위대한 것이기도 하기
때문이다. 그것은 인간이 공간과 맺는 최초의 직접적인 관계로
서, 이 관계에서 인간은 자신의 공간이라 할 만한 공간을 창조한
다. 그리고 인간은 자신의 공간에서 출발해야만 비로소 공간 일
반, 또는 무한공간으로 나아갈 수 있다. 이때 그는 밖과 안을 향
한 두 방향에서 현재의 거주공간을 넘어선다. 다시 말해, 인간은
여러 가지 공간의 한계를 외적으로 돌파하는데, 이때 그는 현재
에 만족하지 않고 있음직한 모습〔Bild〕을 떠올리고, 이를 바탕으
로 제2의 세계를 계획하고 형성하는 내적인 확충을 동시에 필요
로 한다. 그러나 자신의 집만이 땅 위에 존재하는 것이 아니라,
예컨대 이웃집들, 마을과 도시, 지역과 민족, 그리고 국토가 자신

---

1) Paul Tillich, "Das Wohnen, der Raum, und die Zeit", *Die Form*,
1933.8.,pp.11~12. 이 글은 "Domestic Architecture, Space, and Time"이
라는 제목으로 영역되어 소개된 바 있다. *Faith and Form: Journal of the
Interfaith Forum on Religion, Art, and Architecture*, Fall 1985, pp.11~12.

의 공간을 한정한다는 것에 유의해야 한다. 따라서 인간의 공간 창조력은 이것들의 한계를 넘어 인류를 통합하는 집을 만들어 감으로써 주어진 토지에서 해방되려고 노력한다.

이와 같은 과정은 곧 공간과 시간의 연계를 의미한다. 공간을 가지고 있는 자는 현재를 가지고 있는 자이므로 오로지 현재에서만 시간과 공간은 하나가 된다. 다시 말해, 어떤 사람이 공간, 곧 현재를 발견했다면, 그 순간 시간의 힘과 아울러 자기 자신을 위해 시간을 창조하는 인간의 힘이 그를 미래로 내몬다. 미래를 통해 시간은 시간답게 된다. 이렇게 해서 자기 자신을 위해 시간을 창조하는 것은 자기 자신을 위해 미래를 창조한다는 것을 의미한다. 아브라함에게 그의 생활공간에서 떠나 미지의 미래로 가라고 명령하는 말씀은 존재자, 그리고 우리가 현재 벌이고 있는 정신적, 사회적 투쟁에 대해 상징적이다. 이 투쟁은 한정된 공간의 여러 힘이 인간이라는 존재자로 하여금 더욱 새롭고 충실해지도록 그를 더욱 인간적인 공간으로, 인류 차원의 공간으로, 그리고 미래로 내몬다는 사실에 바탕을 둔다.

요컨대 거주는 한정된 공간에 그와 같은 현재를 제공하려고 노력한다. 거주는 자기 자신을 위해 공간을 창조하고, 현재를 추구하는 동경을 만족시킨다. 그러나 거주는 또한 자기 자신을 보호하기 위해 자기 자신을 둘러싸면서 자신을 길러주는 동시에 억압하는 은신처에서 나와, 무한의 공간으로 나아가려는 의지와 노력을 촉구하기도 한다.

히틀러가 권좌에 오른 해에 집필된 이와 같은 논저는 다분히 실존주의적이고 상징적이면서 인간 존재의 본질을 거주와 묶어 통찰한다는 의미에서 현재에도 매우 시사적이다. 그는 뒷날 이와 같은 생각을 좀더 발전시켜 논의한 바 있는데, '환경과 개인'이 그 주제였다.[2] 여기에서 그는 환경이 그 본성에 따라 공간 안에 한정되어 있지만, 환경에 현전하는 세계는 한정된 공간을 넘어간다며 앞의 논의와 비슷한 내용을 각도를 달리하여 펴나간다. 세계 공간은 인간이 인지할 수 있고, 상상할 수 있는 여러 가지 방향으로 열려 있는바, 이 무한의 공간은 유한한 환경 공간 가운데 잠재해 있는 가능성을 나타내면서, 불안과 용기가 뒤섞인 두 가지 반응을 불러일으킨다.

틸리히가 뜻하는 세계는 어마어마하게 많은 수의 현세적(actual) 사물과 가능한(possible) 사물이 구조화한 것인바, 무한 공간은 위협적인 동시에 해방적이다. 좁은 장소는 보호된 장소로서, 어머니의 뱃속, 동굴, 벽으로 둘러싸인 중세 마을의 좁은 가로 등으로 대표된다. 그러기에 그는 큰 유리벽을 가진 근대의 기능적 주택이 지표 위에서 공간을 정복하고, 나아가 우주공간 자체를 먼저 정복해 나가려는 용기를 표현하는 것으로 본다. 그러나

---

2) Paul Tillich, 'Environment and the Individual', *Journal for the American Institute of Architect*, June 1957, pp.90~92.

사람은 사람 사이에 머물고 있는 만큼 개방성과 대조적으로 물리적 보호감과 함께 심리적 보호감을 주는 공간을 여전히 필요로 한다. 이러한 심리적인 보호감을 핑계로 현대의 대중사회는 여러 가지 방식으로 순응주의(conformism)를 강요한다. 그러나 다른 사람에 대한 안정성을 보장할 듯한 이와 같은 장치는 날로 군중 속의 고독만을 증식할 뿐이다. 개발의 유용성에는 한계가 있는 바, 패턴화한 안정성 안에서 인간이 비인간화할 경우, 그 사회 전체는 미래를 지탱할 수 있는 인간, 주어진 패턴에 대해 '아니'라고 말할 수 있는 사람, 창조적 정신에서 새로운 것을 경험할 수 있는 인간, 실패할 수 있는 용기를 지닌 사람을 낳지 못할 것이다.

II

이러한 거주 이해는 건축, 특히 교회건축에 대한 틸리히의 견해를 이해하기 위해서도 하나의 기초가 된다. 그는 1955년에 프로테스탄트 건축의 현황에 관한 학술회의에서 프로테스탄트적 원리에서 몇 가지 특수한 원리를 끌어낸 뒤, 이를 예술 일반에 관한 의견에 적용한다. 나아가 그는 이 둘을 연결시킴으로써 건축이 차지하는 지위에 관해 자신의 견해를 결론적으로 이야기한다.[3]

---

3) Paul Tillich, "Theology and Architecture", *Architectural Forum*, Dec. 1955. pp.131~134, 136.

그는 프로테스탄트적 원리를 신적인 것의 존엄을 승인하는 것으로 정의하면서, 종교적 주장을 포함한 여러 가지 인간적 주장을 이와 대조시킨다. 이에 따라 교회 그 자체나, 교회의 자기표현 가운데 그 어떤 것도 절대적이지 않다. 어떠한 종교도, 사상 양식도, 교리도, 예배 양식도, 윤리 양식도 절대적으로 무제약적인 양식으로는 존재하지 않는다는 것이다. 이는 교회의 예술적인 자기표현에서도 마찬가지이다.

정교회의 경우, 도상(icon)의 본성 자체가 성례전적이기 때문에 자유롭지 못하다. 이는 곧 교회가 예술가에게 성화 제작을 위해 따라야만 하는 명확한 규칙을 전달하는 것을 정당화한다. 예술가에게는 많은 부분에서 자유가 있으나, 성화를 성례전적으로 여겨야 한다는 점에서는 자유가 없다. 이렇게 보면, 로마교회가 일찍이 이 관념에서 일탈했고, 따라서 로마교회의 도상학은 속세와 구별된다는 점에서는 성스럽지만, '거룩한 힘'(holy power)을 표현하고 있지는 못한 셈이 된다. 로마가톨릭교회에서 발전한 프로테스탄티즘은 이 점에서 완전히 자유롭다. 그것은 '궁극적 관심'을 표현하려는 표현의 자유를 얼마든지 인정한다.

프로테스탄트적 원리에서 이끌어낼 수 있는 또 하나의 요점은, 프로테스탄티즘이 세속세계 및 여러 종류의 세속적인 창작과 밀접한 관련을 가진다는 것이다. 이른바 성스러운 권역 자체만으로는 세속성에 대해 우위를 주장할 수 없다. 원칙적으로 신을 만나보기 위해 지성소에 갈 필요가 없는 것처럼, 인간은 어느 장소에서나 신을 만날 수 있기 때문이다.

프로테스탄트적 원리에서 이끌어낼 수 있는 제3의 요점은 다양성이다. 그러나 교회만큼이나 표현도 다양하지만, 그리스도교 회이기 위해서는 그 나름대로 그리스도적 사건에 참여하지 않으면 안 된다. 틸리히는 그리스도교적 사건을 예수에게 그리스도로서의 새로운 리얼리티가 나타나는 것이라고 정의하는 한편, 전통을 통해서만 이에 대한 참여가 가능하다고 못 박는다. 이 점에서 그는 자신이 영국성공회의 친구들과 같다고 말한다. 다시 말해, 오늘날 사람들이 2천년을 뛰어넘어 직접 바울이나 요한의 무릎에 오를 수 있다고 하는 프로테스탄트적 관념은 불가능하다고 비판한다. 우리는 전통을 통해서만 과거에 참여할 수 있다는 것이다. 그러나 그가 말하는 전통이 예컨대 20세기에 들어서서 11세기나 13세기 고딕 건물의 청사진을 모방하는 방식을 뜻하지 않는다는 것은 두말할 여지가 없다. 곧, 과거의 전통을 귀중한 유산의 기계적인 수용으로 보지 않아야 한다는 것이다. 말하자면, 그는 실패할 수 있는 용기가 있을 때에만 창조할 수 있다고 말하고 싶은 것이다. 이는 그가 빛을 이해하는 방식에서 돋보인다.

그는 투명한 지성의 지배를 상징하는 무색광의 일방적인 지배에서 벗어나, 굴절되는 빛의 경이를 체험할 수 있으려면 색채가 지닌 순수한 힘을 약화해서는 안 된다고 주장한다. 오히려 빛과

색채로, 근대 양식에 공헌한 기하학적 추상이 지닌 잠재능력을 교회건축에도 충분히 고려해야 한다는 것이다. 이에 대해서는 후에 좀 더 자세히 살피기로 한다.

그는 이로써 전통과 개혁의 균형을 옹호하고자 한다. 그 가운데 어느 것도 일방적이어서는 안 된다는 것이다. 이는 프로테스탄티즘의 역사에서 상징을 격렬하게 파괴했다는 것과 연관이 있는데, 틸리히는 이에 대항하여 싸우지 않으면 안 된다고 주장한다. 그렇다고 해서 그가 몇몇 상징을 절대화하고자 한 것은 물론 아니다. 오히려 힘을 잃은 상징들을 배제하든가, 아니면 아직 힘을 지닌 상징을 다시 해석함으로써 이와 같은 투쟁을 이루어내야 한다는 것이 그의 본심에 가깝다.

이런 점에서 그는 인류의 역사에서 볼 때, 종교적 예술이 '표현주의적' 이었다는 주장을 내세운다. 그렇다고 그의 주장이 자연주의적, 이상주의적 예술에는 신적인 것이 빠져 있다는 것을 뜻하지는 않는다. 그는 신적인 것이 빠진 어떤 예술도 존재하지 않는다고 보기 때문이다. 다만 자연주의적 예술에서는 신적인 것이 한정된 형식과 그 한정된 세계의 관련을 통해서만 간접적으로 보인다는 의미일 뿐이다. 이렇게 해서 종교적 주제나, 종교적 양식이 없는 풍경화, 초상화, 교량 등의 차원을 넘어서서, 그리고 르네상스와 이에 이어지는 여러 세기의 많은 그림들 같이 종교적 주제는 가지고 있으나 종교적 양식이 아닌 다른 유형, 반대로 종교적 주제를 가지지 않으면서도 종교적 차원을 지닌 예술이 생긴다고 하면서, 이를 넓은 의미에서 '표현주의적'이라고 한 것이다. 그것은 예술가의 주관이 아니라 '존재' 자체의 근거(기저)를 표현하고자 하는 것인데, 틸리히는 표현주의의 성격을 갖는 종교예술의 위대한 전통이 초기 그리스도교시대와 비잔틴 예술에서 받아들여져서, 초기와 후기의 로마네스크와 고딕에서도 보이고, 바로크의 몇몇 그림에서도 보인다고 말한다. 특히, 그는 바로크를 르네상스적 휴머니즘의 형식과는 반대되는 종교적 삶의 거리를 보충한 것으로 보면서, 아래로부터 이루어진다는 점에서 바로크의 신비주의를 위로부터 이루어지는 중세 신비주의와 대조시킨다. 그러나 그는 17세기 중기 렘브란트 이후부터 19세기에 이르는 대균열(grand gap)을 설정하는데, 여기에서는 중요한 종교예술을 볼 수 없다고 단정한다. 그런 의미에서 그는 20세기 종교적 예술의 위대성은 표현주의적 원리, 곧 사물을 미화한 자연주의적 표층을 통해 존재하는 심층으로 돌파한다고 하는 원리를 재발견한 것이라고까지 말한다. 다시 말해서, 실제로 존재하는 자연스러운 표면이 붕괴한다는 것이다. 문제는 오늘날에도 새로운 상징을 만들어낼 가능성 여부인데, 틸리히는 예컨대 피카소의 〈게르니카〉를 가장 위대한 프로테스탄트 회화라고 하면서, 그것의 특징은 문제를 제기할 뿐 답을 주지는 않는다고 하는 점에서 긍정적인 그림이 아니라고 평가한다.

이와 같은 이야기는 모두 결국 건축에 대한 신학적 해명과 연결되는데, 틸리히는 건축이 집을 세운다는 의미에서, 곧 실용적인 목적을 가진다는 점에서 그 밖의 예술이 갖지 못한 특수한 성격을 지닌다는 점에 주목한다. 장점이기도, 단점이기도 한 이와 같은 특징으로 말미암아 건축은 일단 비합리적인 상상작용에 열광하는 것이 불가능해진다. 건축은 창조적인 상황에서 생겨나는 것이 아니면서도 예술적인 전통을 바탕으로 쌓여진 듯한 형태를 배제한다는 표현이 이렇게 해서 가능해진다. 건축은 시간과 공간 가운데 유한한 대상이 존재할 수 있도록 하는 무엇인가를 만들어 낸다는 목적에 충실할 수 있게 된다. 그는 "우리가 벌거벗은 채 던져진 그 무한한 공간에서 우리를 보호해주는 한 조각의 유한한 공간을 뽑아낸다"는 표현을 쓰기도 한다. 이렇게 무한한 공간을 향해 전진해나갈 수 있게 하는 한정된 공간을 인간에게 준다는 의미에서 '집'은 심리학적인 의의와 함께 실천적이면서도 형이 상학적인 의의를 지닌다.

틸리히는 이와 같은 관점에서 '성스러운 공허'(sacred emptiness)의 문제를 다룬다. 그는 '성스러운 공허'를 표현하는 가장 중요한 사례가 유대교와 이슬람교에서 생겨났다가 후에 나타난 성육신이라는 관념으로 말미암아 잊혀졌다고 본다. 그리스도교 로서는 화육(incarnation) 또는 성육신의 원리를 확대하여 규정한 여러 형식으로써 신적인 것을 파악하는 것이 가능했고, 따라서 그런 것들로 교회당을 채워왔다. 그런데 우리에게 오늘날 이러한 형식들 대부분이 그 의미를 상실했다는 사실에 좀더 가깝다. 이 점에서 틸리히는 삼차원 형태로 된 인체 조각을 교회당 한가운데 설치하는 것에 대해 비판적이다.

요컨대 틸리히는 기술과 예술의 분리가 당연시되면서 여러 가지 병폐가 발생하고 있는 상황에서 종교예술이 건축을 통해 재생되는 길을 찾을 수 있지 않을까 기대해본 것이다. 그는 1961년에 독일 함부르크에서 개최된 복음주의 교회건축에 관한 회의에서도, 교회건물이 목적건물인 동시에 상징이기도 하다는 이중성에 주목한다.[4] 이는 부정적인 결과와 함께 긍정적인 성격을 낳는데, 부정적인 결과는 곧 기술적 목적이 상징성격에서 분리하여 독립된 상태가 되는 것이거나, 상징성격이 기술적 요소와 대립하여 구조성을 훼손하는 것이다. 반면에 기술적 목적과 결합해야 할 필요성이 의고적 전통주의의 여러 압력을 억제할 때, 긍정적인 결과가 창출된다. 다시 말해서, 양식과 상징성이 지니는 사이비 전통과 단절하고, 현재의 여러 가능성이 만들어 낸 문화적 창조에서 분리되지 않으려는 결의가 요청된다는 것이다. 종교적 성별(聖別)과 예술적 성실의 궁극적인 통일성, 상징 전통의 창조적 재

---

4) Paul Tillich, "Zur Theologie der bildenden Kunst und der Architectur", *Auf der Grenze*, Stuttgart : Evangelisches Verlagswerk, 1962; Gesammelte Werke, Evangelisches Verlagswerk, 1967, Bd, 9. ss. 345~355.

해석을 통한 상징전달 가능성의 조화 등에 대한 그의 요구도 이
와 연결된다.

III

　앞에서도 여러 차례 말했지만, 틸리히는 주로 프로테스탄트
건축에 관심을 기울인다.[5] 그는 그리스도교의 예술과 건축의 위
대한 시대는 예외 없이 로마가톨릭의 예술과 건축의 위대한 시대
였음을 인정한다. 과거의 거대한 바실리카와 대성당은 로마가톨
릭교회가 지닌 신비와 위계질서의 힘 전체를 대표한다는 것이다.
그런데 이러한 유한한 표현과 정신의 일체성이 프로테스탄티즘
의 출현과 함께 단절되었다. 프로테스탄트의 신앙은 처음부터 건
축을 포함한 시각예술과 불화를 자아냈다. 프로테스탄트 사상에
서 눈을 넘어서는, 아니, 눈과 대립하는 귀의 우위는 위대한 건축,
회화, 조각을 창조해내지 못하는 결과를 낳았다. 그러나 건물 자
체는 존속하고, 건물과 함께, 그것들의 양식이 가진 표현력도 존
속하는 까닭에, 프로테스탄트 회중의 여러 원리 및 요구와 가톨
릭교회의 건축에 나타난 상징적 의미 사이에는 긴장이 생긴다.
이 긴장을 해소하려는 시도가 없었던 것은 아니다. 그러나 그러

---

5) Paul Tillich, "Comtemporary Architecture", : *Modern Church
　　Architecture: A Guide to the Forum and Spirit of 20th Century Religious
　　Buildings*. ed. Albert Christ—Janer and Mary Mix Foley, N.Y.:
　　McGrawHill, Inc., 1962, pp.122~125.

한 시도가 아직 정착되지 못한 채, 19세기의 역사주의, 곧 네오고 딕, 네오바로크 또는 그 밖의 모방적 양식이 반복되거나 정교 교회 당이 지배적인 상태이다.

틸리히는 이와 같은 상황을 극복하기 위해서는 무엇보다도 두 가지 특징을 염두에 두어야 한다고 본다. 첫째는 성례전에 대한 말 씀의 우위이고, 둘째는 전례지도자들에 대한 회중의 우위이다. 이 렇게 본다면, 교회당의 평면이 중요시될 수밖에 없는데, 프로테스 탄트의 목적에 적합한 평면은, 가능하다면 회중 각 사람들이 얼굴 을 마주하고 목사가 설교와 전례인도를 위해 회중 한가운데 있게 되는 집중식 평면이 아닐까? 이상적으로는 제단을 위해 마련된 장 소도 멀리 있지 않고, 전 회중이 참여할 수 있는 성찬 장소의 성격 을 보존할 만하다. 건물의 다른 부분에서 격리된 가장 성스러운 장 소로서 멀리 있는 제단과 그리로 나아가는 긴 주랑은 본질적으로 프로테스탄트적이지 않다는 것이다. 따라서 평신도와 성직자 사 이, 세속적인 구실과 성스러운 구실 사이에서는 어떤 종류의 위계 질서적 이원론일지라도 철폐하는 것이 만인사제설에 좀더 가깝 게 다가가는 길이 된다.

그러면서도 틸리히는 프로테스탄티즘도, 정해진 시간에 정해진 장소에서 신적인 것이 개인의 삶에 모습을 드러낸다는 것을 긍정 하는 이상, 우상숭배를 조장하거나 주술의 관념과 태도를 조장하 는 것은 어느 것이라도 인정하지 않는다 할지라도, '그리스도로서 예수가 실현하는 초월적인 신의 현현'이라는 판단기준에 부합하는 여러 종류의 상징을 완전히 배제한, 그야말로 공동(void)을 지지할 수도 없다. 이 공허는 상실로 말미암은 것이 아니라 영감으로 말미암은 공허로서, 그 공허한 공간은 어떤 형식으로도 표현할 수 없는 임재(presence)로 가득 차 있다고 느낄 만한 것이다. 이처럼 단순한 공허 또는 추악한 공허를 극복하기 위해 단순히 과거에 거부된 조각상이나 회화로 돌아가는 경우도 없지 않다, 그러나 틸리히는 개별적인 인물상은 아무래도 고대의 우상숭배를 암시하게 되어 적합하지 않기에, 빛을 이용하는 경우가 늘어난다는 것에 주목한다. 곧 초기의 조합교회주의자들은 종교에서 합리주의적 요소를 강조하면서 투명유리를 유일한 해결방법이라고도 했지만, 대부분의 프로테스탄트교회 교파들은 이를 포기하고 기하학적 추상적 스테인드글라스를 선호하는 방향으로 되돌아가고 있다는 것이다. 투명유리는 주변의 아름다운 자연, 곧 수목과 화초, 물과 하늘을 향해 열려 있는 상태로 국한해야 하는바, 이는 곧 자연을 '성스러운 임재'(holy presence)의 권역으로 끌어들이고자 하기 때문이다. 인도의 경우를 떠올리면, 거기에는 성스러운 건물 전체에 식물이 풍부하고, 인간의 지체가 유연하게 뻗쳐 있고, 신적 생물들이 무한히 다양하다. 그러나 그 반대의 경우, 회중 각자가 '성스러운 임재'에 마음을 집중하기 위해 자신을 바깥 세계와 완전히 차단하는 경우가 오히려 더 잦은

것이 현실인데, 이에 따라 반투명의 유리블록이 좀더 많이 활용
된다.

요컨대 우리가 살고 있는 입체파적 비재현적 예술의 시대에
자연주의적 형식을 만들어 내고자 하는 것은 아무래도 시대착오
적인바, 전자는 상징적인 힘을 좀더 가질 수 있다는 점에서 유리
하다는 것이다. 이러한 견해는 십자가의 활용에서도 그대로 적용
된다. 이른바 고상(苦像) 십자가보다는 표현적 양식 또는 비자연
주의적인 간소한 십자가가 선호되는 경향이 눈에 띈다.

아직 정형이 이루어지지 않은 가운데 신앙의 여러 가지 행위
에서 위험을 무릅쓰지 않으면 안 되듯이, 성스러운 장소를 건설
하는 데에도 위험의 요소는 피할 수 없다는 것이 틸리히의 결론
이라면 결론이다.

IV

이제까지 우리는 틸리히의 건축에 대한 이해를 화두로 삼아
교회건축의 신학적 의의까지 살펴보았다. 그는 현대를 대표하는
신학자들 가운데 하나로서, 무엇보다 그 자신이 10대에 철학적인
신학자가 되고 싶다는 희망을 구체화하기 전에는 건축가가 되고
싶다는 생각을 가졌던 만큼, 개념과 명제로써 조직신학을 중심으
로 한 그의 신학을 세워나가면서도 돌과 철과 유리로써 세워가는
건축에 대해 끊임없는 관심을 지녀왔다.[6] 그것은 위대한 건축에

대한 찬미와 순례로 나타나는가 하면, 그 스스로 근대예술에 대한 옹호자이자 비평가를 자처하기에 이른다. 이때 그는 '성실' (誠實)과 '성별' (聖別)을 기준점으로 삼는다. 그는 이러한 기준을 적용하여 15세기 말 그뤼네발트의 〈십자가 형벌〉에 묘사된 육체의 무시무시한 상처를 근대 표현주의의 선취라고 보면서, 자연주의적인 복제와 왜곡이 아니라, 골고다 언덕에서 일어난 사건을 예술적으로 성실하게 표현한 것이라고 극찬한다. 이는 곧 그가 19세기 후기와 20세기 초 종교예술의 미학적 자연주의를 거부하는 것과 같은 이유이다. 그런 연장선에서 그는 근래의 교회당과 건물 일반에서 이루어진 고딕과 로마네스크 양식의 모방을 성실하지 못하다고 보았다. 여기에는 그가 바우하우스의 건축이념과 그에 관계된 사람들을 알게 된 것이 큰 영향을 미쳤다.

그가 유니온 신학교에서 교수생활을 하던 22년 동안 줄곧 의사(擬似)고딕 양식의 리버사이드 교회에 대해 비판적이었던 것도 같은 이유에서다. 그는 독창적인 건축가들의 독창적인 영감에서 생겨난 것이 아니라는 이유로 모방을 비판한다. 모방과 함께 미화를 위한 장식도 불성실성의 표현이 된다. 어떤 건물이 건축 그 자체로 완전하다면, 다시 말해 그 목적에 완전히 들어맞다면, 그

---

6) Paul Tillich, "Wanted for Religious Architecture Today: Honesty and Consecration", *Protestant Church Buildings and Equipment*, 1955, pp.15ff.

것을 미화하기 위해 다른 어떤 것도 덧붙일 수 없다는 것이다. 그에 따르자면, 미는 우연적인 부가물이 아니라, 구조물의 적절성과 그것이 지닌 표현력이 되지 않으면 안 된다.

그러나 그는 성실성에 대한 강조로 말미암아 금욕적인 근본주의가 허용되어서는 안 된다고 지적한다. 그가 이른바 '주거기계'(dwelling machine), 곧 기술적 관점에서는 완전하지만, 전체로서의 삶이 고려되지 않은 까닭에 인간이 제대로 살지 못하게 되는 집을 비판하면서 유기적인 재료(카펫, 천, 나무)를 추구하는 사람들 편에 속하고자 한 것도 같은 맥락에서이다.

그는 이와 같은 논의의 연장선에서, 교회건물은 '성실'의 문제를 '성별'의 문제와 연관하여 다루어져야 한다고 말한다. 이는 그가 내린 두 가지 유형의 종교 개념과도 연결된다. 첫 번째 유형은 넓은 의미의 종교, 곧 성스러운 것과 세속적인 것, 성소와 시장을 초월하는 궁극적 관심이라는 의미의 종교 개념이다. 두 번째는 좁은 의미의 종교 개념, 곧 신화와 예배의 상징, 그리고 삶의 도덕적, 사회적인 존재방식으로서, 성스러운 것을 경험하는 궁극적 관심의 공통적 표현인 사회적 집단생활로서의 종교이다.

첫 번째는 두 번째의 기반이고 본질인바, 두 번째의 종교 개념에는 직접적으로, 그리고 그밖의 여러 가지 문화적 창조행위에는 간접적으로 드러난다. 곧 철학 내지 과학적 저작, 그리고 문학과 시각예술의 작품을 통해서도 궁극적 실재가 종교적 상징을 통해서 만큼이나 궁극적 실재가 빛을 발할 수 있다는 것이다. 같은 이치로, 넓은 의미의 종교 개념에 따라 집 자체도 종교적인 성격을 가질 수 있다. 그러나 틸리히는 그렇기 때문에 신전이 없는 마을이 있을 수 있다는 것은 부정한다. 그곳은 지상의 마을이 아니라, 천상의 예루살렘뿐이다. 따라서 궁극적인 것, 존재 근거와 우리의 관계를 단절하고, 성스러운 것의 경험을 일상생활의 먼지로 뒤덮는 경향이 있는 세속적인 것에 대한 균형추(counter valance)로서 성스러운 장소와 성스러운 시간 및 성스러운 행위가 필요하다는 것이다. 그는 교회가 계시적 경험을, 성스러운 것의 여러 경험을 받아들이는 보물함이라고도 표현한다. 이처럼 교회에 속한 것은 아니나 잠재적인 교회의 표현이라고 부를만한 여러 가지, 곧 사회정의를 위한 집단 운동, 또는 개인적 공헌에서 성장이 있다고 해서 교회가 불필요한 것은 아니다.

이런 맥락에서 틸리히는 사람들이 세속적인 생활의 한복판에서 성스러운 것에 대한 묵상(contemplation)을 할 수 있게 하고, 그것을 느낄 수 있게 하는 성별의 장소를 창조하는 것이 교회건축가의 과제라고 단언한다. 그러자면 그곳은 그 자체를 사람들의 세속적 생활을 향해 열어놓으면서도, 궁극적인 것을 상징함으로써 일상적 경험의 유한한 표현을 넘어서는 변증법적 장소여야 한다. 한편으로는 유한한 모든 것을 초월하고 있고, 다른 한편으로는 그것이 유한한 모든 것의 창조적 근거가 되는 궁극적인 실재에 기초하며, 또한 감각과 언어와 사고로 포착할 수 있는 것을 넘어서는 동시에, 앞에 나타난 여러 가지 것들의 창조적 바탕이라는 점에서 이 양극성은 신학자와 예술가, 그 가운데서도 건축가에게 똑같이 중요하다. 한마디로, 그 의미가 언어로는 설명할 수 없는 무언가를 보여주는 진정한 의미의 상징을 오늘날 우리가 만들고 있는지가 문제라는 것이다.

틸리히는 일찍이 교회의 상징들이 예컨대 노동자에게 무엇을 이야기하는지를 묻는, 종교적 사회주의 운동에 관계해 왔다. 이는 곧 젊은이들, 노동자들, 지식인들에게 아주 오래 전에 지중해 문화에서 생겨난 그리스도교신앙의 전례적 표현을 이해하도록 만드는 것이 가능한지를 물은 것이었다. 이러한 질문은 그의 표현대로 하자면 '고물수집상'(antiquarian)의 집단, 곧 나치즘의 도래와 함께 중단되었지만, 그는 역사가 거기에서 멈추지 않았다고 확신한다. 그러기에 '신의 부재'를 경험한 인류는 단순히 신의 부정이 아니라 우리의 유한한 능력을 통해 파악하려고 노력해온 상징에서 자유로워진 신을 위한 자리를 마련하기 위해, 앞에서 말한 의미의 '성스러운 공허'를 마련하기 위해 다시금 지혜를 모아야 한다는 것이다. '감춰진 신이 돌아오기를 기다린다는 것'은 교회건축 또한 함께 지녀야 할 기본자세라고 할 수 있다.

틸리히는 의심으로부터 힘이 생겨난다고 했거니와, 이는 곧 오늘날 우리가 가지고 있는 신앙과 그 표현의 집약체라고 할 수 있는 예배에 대한 올바른 회의 없이는 교회건축에 대한 새로운 이해도 불가능하다는 것으로 해석될 수 있다. 그래서 나로서도 예배갱신 없는 교회갱신은 불가능하다는 주장을 거듭 펴온 것이다. 말씀의 예전과 성찬의 예전을 예배의 핵심요소로 삼고 있는 전통 자체는 존중해야 할 것이나, 신도들과 그 공동체의 사고와 행동에 변화를 일으킬 수 있도록 감동을 자아내기 위해서는 끊임없는 개혁을 게을리 하지 말아야 한다. 이는 교회건축이나 그 안에 설치되는 예술작품에 대해서도 마찬가지다. 그렇지 않으면 그것은 비자각적인 사람의 비위를 맞추기 위한 타협에 머물고 말 것이다. 이제 이런 관점에서 교회건축과 예배를 되돌아볼 필요가 절실하다. 틸리히는 이를 "새로운 교회건물은 정신의 승리, 창조적인 인간정신의 승리, 우리의 약함 가운데 밀고 들어오는 '하느님' 의 영의 승리"라고 말하기도 한다. 그것은 곧 "불성실한 것, 묻지 않고 넘기는 것, 걱정스러워하는 고루함에 대한 승리"이기도 하다.

V

이상으로 우리는 틸리히의 거주와 건축에 대한 해명을 통해 그가 품고 있는 교회건축에 대한 기대까지 밝혀보았다. 그의 견해는 물론 그의 신학적 사색의 결실이다. 그러나 그의 사고가 그만의 것이라고 하기에는 무리가 있다. 거주에 대한 틸리히적 이해는 우리에게, 예컨대 마르틴 하이데거의 거주 이해를 연상시킨다.

하이데거에 따르면, 모든 인간의 현존재는 그의 현존재의 본질에 관계하지 못하고 그의 현존재의 근본에 다다르지 못하므로, 시적(詩的)으로 취해진 근본에 거주해야 한다. 확실히 시적인 거주는 현실적인 것을 환상적으로 넘어서 날아갈 수 있게 한다. 오로지 시인만이 대지 위에 시적으로 거주한다고 말할 수 있기 때문에, "작시(作詩)는 인간을 처음으로 대지 위로 가져오고, 대지에 데려다 놓으며, 인간을 그렇게 그의 거주로 데려온다."[7] 시인의 본래 위치는 하늘과 대지 사이의 중간이다. 대지로 내려오는 것이자 하늘로 올라가는 중간이 명명백백하고 측정 가능한 할당이라는 이러한 차원은 "습관적으로 생각해오던 장소의 확장이 아니다. 인간은 이러한 측정을 그때그때 기회가 닿는 대로 착수하는 것이 아니라, 오히려 그런 측정에서만 인간 일반은 비로소 인간이 된다."[8] 그렇다면 인간의 측정에서 척도가 되는 것은 무엇일까?

그 척도는, 알려지지 않은 채 머물러 있는 신이 하늘에 의해 계시되는 방식에 있다. 하늘이 신의 모습을 드러낸다는 것은 은폐된

---

7) M. Heidegger, *Vorträge und Aufsätze*, Pfullingen, 1954, s.192. 여기에서 개진되는 하이데거의 이해는 기본적으로 다음에 의거한다. 김문환《예술과 윤리의식》(서울; 소학사, 2003), 〈제10장. 하이데거: 탈은폐로서의 예술작품〉
8) 위의 책, s.195.

244

것을 보이도록 드러내는 것이다. 그러나 그 드러냄은 은폐된 것을
억지로 끄집어내려고 하는 것보다 오히려 은폐된 것을 그 은폐 속
에서 보호해줌으로써 보이게 한다.[9]

달리 말하면, 그가 말하는 '시인의 거주' 란 단순히 인간이 농
부로서 농작물을 기르면서 건물을 세우는 것을 뜻하지 않는다.
그것은 하늘 아래, 그리고 대지 위에 자신의 체류지를 건립할 수
있다는 점에서의 거주가 아니다. 또한 인간이 건축할 수 있다는
것은 작성된 계획에 따라 완수된 척도에 맞추어 단순히 재는 것
이 아니다. 인간은 그 자체가 본래적인 측정인 작시적(作詩的)인
의미에서만 건축해야 하기 때문이다. 작시는 그러한 점에서, 건
물의 건립과 정돈이란 의미에서의 건축이 아니라, 오직 거주 차
원의 본래적 측정으로서 시원적(始原的)인 건축이다.[10]

고통, 죽음, 사랑에 관한 본질이 드러나 있지 않은 궁핍한 시대
에, 시인이 아닌 우리는 무엇보다 시인이 우리에게 말해야만 하
는 것을 귀담아 들을 줄 알아야 한다. 시인과 그의 작품의 힘은
인간의 진정한 거주, 그의 참된 체류, 그리고 이러한 의미에서 그
의 실존을 비로소 근거 짓기에 위대하다. 익명의 거대한 도시창
고에 거주하면서 완전히 기계화한 공장에서 소외된 노동에 끌려

9) 위의 책, s.197.
10) 위의 책, s.202.

가는 오늘날의 인간생활은 '하늘 아래 산다' 는 시인의 언어와 전혀 일치되지 않는다. 그리고 이는 또한 신적인 것의 임재 아래 살고 있는 것이 아니다.

근대 과학과 전체 국가는 기계공학의 본질에 따른 필연적 결과인 동시에 그 부수 현상이다. 개방된 세계여론이나 인간의 일상적 관념을 조직화하기 위하여 쓰이는 수단과 형식에 대해서도 사정은 같다. 생명을 가진 것이 배양과 이용의 측면에서 기술적으로 대상화될 뿐 아니라, 생명을 가진 것 자체의 현상을 침해하는 원자물리학의 연구도 활발하게 진행되고 있다. 근본적으로 삶 자체의 본질이 기계공학적 제작에 내맡겨지지 않을 수 없게 된다.[11]

오늘날 우리가 원자물리학의 여러 성과들에서 인간의 자유를 입증하고 새로운 가치이론을 수립하기 위한 가능성을 찾는다는 사실 자체가 역설적으로 우리가 기계공학적 사유의 지배 아래 놓여 있다는 한 징표가 된다. 기계공학의 본질이 온 세상을 지배하고 있다. 하이데거는 기계공학의 본질이 지배하는 이러한 낮이 사실상 기계공학적 성격을 띤 위장된 세계의 밤에 불과하다고 지적한다. 대지에 밀어닥치고 있는 더욱 더 급속하고 무자비하고

---

11) Heidegger, *Holzwege*, s.290 이하.

완전한 기계공학적 지배는 모든 존재자를 생산과정에서 제작될
수 있는 것으로 여길 뿐만 아니라, 그 생산제품을 시장을 통해서
배달한다. 마르크스 식으로 말한다면, 사물들의 고유가치가 화폐
가치로 치환되고 만 것이다. 인간의 인간다움이나 사물의 사물다
움 따위는 자기수행적 제작행위 속에서 시장의 계산된 교환가치
로 해소된다. 이러한 위험은 인간의 본질에 닥쳐오는 위협이며,
우연한 개별적 위험이 아니다. 이 위험을 보고 드러내기 위하여,
"앞장서서 심연에까지 이르는"[12], 그리고 "자기 개인의 사적 이익
때문에 모험하지는 않는"[13] 죽을 수밖에 없는 존재자들이 있어야
한다.

하이데거는 이러한 좀더 모험적인 자들이 존재 자체 때문에
모험하고 존재의 영역, 곧 언어 속으로 모험하기 때문에 그들은
말하는 자들이라고 표현한다.[14]

그러나 인간은 본질적으로 언어를 가지고 또 부단히 언어로써
모험하고 있지 않은가? 물론 그렇다고 한다면, 통상적인 방식으
로 의욕하는 자 역시 이미 계산적 제작행위를 통하여 언어로 모

---

12) 위의 책, s.295.

13) 위의 책, s.297.

14) "언어의 본질은 의미 지시작용 속에서도 완전히 밝혀지지 않으며, 또한 언어
    는 단지 어떤 기호적인 것이거나 암호적인 것만도 아니다. 언어는 존재의 집
    이며, 바로 그 점 때문에 우리는 끊임없이 이 집을 통과하면서 존재자에 도달
    하는 것이다." (위의 책, s. 310)

험하는 셈이다. 그러나 좀더 모험적인 자들은 그저 말하는 자일
수만은 없다" 15)

  이러한 의미에서 좀더 모험적인 자들이 좀더 높은 차원에서 말
하는 것은 실제로는 '다른 입김' 이다. 다시 말해서, "그 밖의 인간
이 말하는 방식과는 다르게 말하는 것" 16)인, 노래이다. 이러한 다
른 입김은 이제 더 이상 이러저러한 대상적인 것을 헤매지 않는다.

  그것은 아무것도 구하지 않는 입김이다. 17)

  그러한 좀더 모험적인 자들의 부류에 속하는 시인은 온전하지
못한 것을 그 자체로 경험한다.

  온전하지 못한 것으로서의 온전하지 못한 것은 우리로 하여금
온전함의 흔적을 감지하게 한다. 그들(좀더 모험적인 자들)은 죽을
인간들에게 세계의 밤의 어둠속으로 날아가버린 신들의 흔적을

---

15) 위의 책, s. 15.
16) 위의 책, s. 318; M. Heidegger, "Das Wort", In: *Unterwegs zur Sprache*,
    제5판(Pfullingen 1975) 참조. 시인의 체념은 "말함에 대한 단순한 거부나
    따라서 단순한 입다묾(Verstummen)은 결코 아니다. (시인의) 말함은 또 다
    른 분절과 사지절(四肢節)과 음에 도달한다. 시인의 체념이 이런 의미에서 경
    험한다는 사실은, 시라는 것 자체가 체념을 노래함으로써 체념을 말한다는
    것을 증명해준다. 왜냐하면 이러한 시는 곧 노래이기 때문이다."
17) 같은 곳.

가져다준다. 그들은 이렇게 해서 온전함을 노래하는 '가난한 시대
의 시인' 이 된다.[18]

점점 더 공개적 토론과 비판의 대상이 되고 있는 자연과학과
기계공학의 의심할 바 없는 결과는, 인간의 행위가 주로 기계공
학적인 목적합리성의 모델로 정향되어 있다는 사실로 귀결된다.
과학적, 기계공학적 합리성의 일방적 지배를 허용하는 것은 생태
학적 위기를 통하여 삶에 대한 위협을 가져오며, 전체주의적 국
가를 비호하고 군비경쟁으로 말미암아 세계전쟁의 위험을 필연
적으로 동반한다. 그것은 결과적으로 우리 행동의 전제들을 숙고
해볼 것을 요청한다. 칼 포퍼(Karl Popper)는 과학적으로 보장된
사회적 과정이 변화하고 지탱되기 위한 노력을 '점진적 사회공
학' 이라는 개념으로 소개한 바 있다. 이 개념은 다루어야 할 관계
전체를 하나의 계획에 따라 파악하려고 하는 것이 가능하지도 않
고, 의미도 없다는 것을 지적한다. 관계를 변화시키고 개선하는
실제적 가능성을 발전시키기 위해서는 개별적으로 개관 가능한
문제를 이러한 관계로부터 구분하고, 경계 짓는 것이 필요하다는
것이다. 그러나 특정한 상황에서 요구되는 적절한 정치적 전략이
초월적 원리의 필연성을 배제하지는 않는다. 다시 말해, 어떤 인

---

18) 위의 책, s.319.

간사회도 자신이 속한 집단에서만 통용되는 규범들을 넘어서는 초월적인 원리 없이는 평화로운 공동체적 삶을 성취하지 못하며, 오히려 개인적이고 집단적인 이기주의에 지배받게 마련이기 때문이다. 하이데거 식 비유를 들자면 오로지 작시(作詩)적인 척도 ─수용의 의미에서 건축할 때, 인간은 건축할 수 있다.

주택난이 심했던 제2차세계대전 중에 건축가들을 대상으로 발표한 하이데거의 〈건축, 거주, 사고〉는 주택 공급에 앞서 극복되어야 할 문제로서 거주하는 법, 다시 말해서, 세계에 대한 올바른 이해를 촉구하기 위한 목표를 지녔던 것으로 읽힌다.[19] 그는 참된

---

19) 하이데거는 건축과 거주에 관한 존재론적인 사고를 시도하였던 논문 〈건축 거주 사고〉에서 "거주한다는 것은 무엇인가?"와 "건축은 거주에 어떻게 속하는가?"라는 두 가지 질문들을 통해 이미 그가 건축과 거주를 존재의 영역 속에서 얼마나 긴밀한 것으로 파악하고 있는지를 암시해준다. 하이데거는 건축과 긴밀하게 이해되는 거주의 의미를 참된 거주와 단순한 주거로 구별함으로써 밝히고자 한다. 거주는 본래 이 세계에 머무름 그 자체를 의미하는데, 그러한 과정에서 건축이 장소의 감각을 제공함으로써 거주를 가능하게 한다. 그러나 건축과 거주의 관계는 이처럼 수단과 목적의 관계를 넘어선다고 하이데거는 지적한다. 고대 영어와 고지 독일어(Hochdeutsch, 독일 남부와 중부에서 사용되는 독일어)에서의 "건축하다"(to build/bauen)의 본래 의미를 살펴볼 때 그것은 곧 "거주하다"(to dwell)를 의미하였으며, "거주하다"는 곧 "존재하다"(to be)를 의미하였음이 확인된다는 것이다. 그렇다면 건축(Bauen/building)이 뜻하는 것은 무엇인가? 고대 영어와 고지 독일어에서 건축(building/buan)은 거주하다(to dwell)를 뜻한다. 이것은 "남다", "한 장소에 머무르다"를 의미한다. 이러한 bauen, 곧 to dwell이라는 동사의 실제 뜻을 우리가 잃고 있는바, 하이데거에 따르자면 확실히 고대 단어 buan은 bauen[to build]가 "거주하다"임을 말해줄 뿐만 아니라 그것이 의미하는 거주에 대해 우리가 어떻게 생각하느냐에 대한 실마리를 제공한다. 우리가 거주에 대해 말할 때 우리는 다른 활동들과 함께 인간이 수행하는 하나의 활동

거주라 할 수 있는 장소로서 독일의 슈발르츠발트에 있는 농가를 주목했다. 그는 200년 전에 세워진 농부들의 이 거주지가, '인간이 대지 위에 머무름' 이라는 거주의 기본적인 의미를 적절하게 예시한 것으로 여겼던 것 같다. '대지 위에' 는 이미 '하늘 아래' 를 의미한다. 이 둘은 또한 '신적인 것 앞에 머무름' 을 의미하며, '다른 사람들과 함께 존재하는 사람의 일체감' 을 포함한다. 근본적인 조화를 이루는 이들 넷—하늘, 대지, 죽을 자로서의 인간, 신적인 것—은 하나에 속한다.[20] 거주에 대한 그러한 이해를 기초로

을 생각한다. 우리는 단순히 거주하기만 하는 것이 아니라—그건 실제적인 무활동일 것이다—직업을 실행하고, 업무를 하고, 여행하고, 여행 중 여기저기서 숙박한다. 이렇게 보면, Bauen은 원래 거주를 뜻한다. 단어 bauen 이 여전히 그것의 원래 의미로 말하는 곳에서 그것은 또한 거주의 성질이 얼마나 멀리 닿는지를 말해준다. 즉, bauen, buan, bhu, beo 는 ich bin, I am, du bist, you are, 명령형 bis, be 에서의 말 bin이다. 그렇다면 ich bin의 뜻은 무엇인가? bin이 속하는 고전단어 bauen 에 그 답이 있다: ich bin, du bist 는 I dwell, you dwell을 뜻한다. you are 하고 I am 하는 방식, 우리 인간들이 땅 위에서 존재하는 방식이 Buan 즉 거주이다. (Heidegger, "Building Dwelling Thinking", *Poetry, Language, Thought,* trans. Albert Hofstadter, New York: Harper & Row Publishers, 1971) 이처럼 건축과 거주가 본래 같은 의미를 지녔음에도 오늘날 구별되어 쓰이는 이유가 뭘까? 하이데거에 따르면 이는 거주로서의 건축이 습관적인 것이라는 점에서 기인한다. 인간이 거주하는 한 존재한다는 것을 말해주는 고대 단어 bauen 은 동시에 소중히 함과 보호함을 뜻하는데, 이때 건축은 오직 보호하고 기른다는 의미(colere/ cultura)를 갖는 것으로 건설함(constructing/aedifi care)의 의미를 갖는 건축과 대조를 이룬다. 이 두 의미의 건축은 모두 거주에 포함되지만 땅 위에 있는 존재로서의 건축은 인간의 일상 경험 안에서 처음부터 '습관적인' 것으로 머무르기 때문에 거주로서의 건축이 거주가 이루어지는 가지각색의 방법들과 재배함 및 건설함의 활동들 뒤로 물러난다고 하이데거는 설명한다.
20) 앞의 책, p.147.

그는 앞의 농가를 다음과 같이 평한다.

이곳에서 대지와 하늘, 신적인 것과 죽을 자로서의 인간을 사물
들의 단일한 조화에 들어설 수 있도록 하는 힘의 충만함이 집이 명
명되었다.[21]

VI

앞에서 검토한 틸리히와 하이데거의 거주 및 건축에 대한 견
해가 너무나도 추상적이라고 보는 사람들은 좀더 구체적인 이해
를 위해 불가피하게 해리스(Karsten Harries)의 도움을 얻어야 할
것이다. 그는 하이데거가 주목한 네 요소를 다음과 같이 풀이한
다.[22]

첫째, '대지'는 표면적으로 우리를 받쳐주는 바닥이며, 우리에
게 음식과 물을 제공하는 구실을 한다. 그러나 대지는 동시에 물
리적인 초월성을 갖는다. 곧, 열리지도 설명되지도 않는 존재 자
체를 드러낸다. 그것은 모든 언어적, 공간적 개념을 초월하면서
우리에게 주어진다. 대지는 초월적인 것으로서 동시에 알기 어렵

---

21) 위의 책, p.157.
22) Karsten Harries, *The Ethical Function of Architecture*, The MIT Press,
1997; 김경화, 〈K. 해리스의 에토스적 건축론에 관한 연구〉(서울대 대학원
미학과 석사논문, 2005) 참조.

지만 영향력 있는 기반을 제공한다. 하이데거는 우리가 이처럼 대지가 우리에게 제공하는 것에 의존할 수밖에 없으므로 그러한 대지에 대해 경의를 표할 것을 주장했다는 것이다.

둘째, '하늘'은 우리에게 밤과 낮, 계절 등을 나타내는 일상적인 의미도 갖지만, 그 밖에도 인간 존재에서 빼놓을 수 없는 영적이며 황홀한 차원이라 할 만한 것을 열어준다는 의미를 가진다. 인간이 하늘을 바라보는 것은 단순히 바라본다는 것을 넘어서 인간 존재들이 물리적인 장소에 갇혀 있는 것이 아니라, 그것을 넘어서 있다는 것에 대한 자연적인 은유를 제공한다는 의의를 갖는다. 곧 하늘은 인간 존재를 인간 존재의 제거할 수 없는 영적인 차원이라고 할 만한 것으로 열어준다.

셋째, 기본적으로 '죽을 자로서의 인간'은 우리 인간 존재들을 의미한다. 그리고 동시에 우리의 죽을 수밖에 없는 운명에 대한 확고한 긍정을 의미한다. 그러한 우리 운명에 대한 확고한 긍정이 필요한 이유는, 그렇지 못할 때, 우리는 우리를 시간에 묶어놓는 모든 것과 화해하지 못할 것이기 때문이다.

넷째, '신적인 것'은 신성을 눈짓하며 불러내는 사자(使者)들이다. 신은 알려지지 않은 채 남아 우리의 거주에 척도를 제공한다. 신은 우리를 둘러싼 사물의 끝없는 다양성을 통해 드러나며, 인간에게는 친숙하지만 신에게는 낯선 것에 자신을 내어줌으로써 그 안에 알려지지 않는 것으로 남는다. 하이데거에 따르면, 우리는 신적인 것을 기다릴 수밖에 없으며, 우리는 신적인 것의 부재에 대한 앎 속에 거주해야 한다. 그러한 맥락에서 우리는 우리가 기다려야만 하는 신적인 것을 대신하는 우상을 섬기고자 하는 유혹을 뿌리쳐야 한다.

참된 거주를 이렇게 이해한다면, 하이데거의 다음과 같은 언명이 뜻하는 바 역시 이해할 수 있을 것 같다.

주거에서 실제로 어려움은 단순히 주택 부족에 있지 않다…주거에서 실제로 어려움은 오히려 죽을 자로서의 인간들이 항상 새로이 거주의 본질을 찾아야 한다는 것, 항상 거주하는 법을 배워야 하는 데 있다…죽을 자로서의 인간들이 그들의 고향 상실에 대해 사고하는 것은 그들을 그들의 거주로 불러주는 유일한 호출이다.[23]

물론 해리스가 하이데거를 아무런 비판 없이 수용한 것은 아니다. 그는 참된 거주에 대한 하이데거의 개념을 전반적으로 수용하되, 하이데거의 개념을 따를 경우, 거주의 개념이 피상적이고 개인적으로 남을 수 있다고 보면서, 우리 삶과 좀더 가깝게 연관된 것, 곧 '기억'을 강조함으로써 역사와 거주의 관계를 강조하고, '사랑'의 구실을 강조하여 거주의 공동체적인 성격을 강조

---

23) M. Heigegger, 앞의 책, p. 159.

함으로써 구체화하고 있다. 기독교적인 이상을 더 이상 기대할 수 없는 오늘날, 우리는 그 대신 어느 정도 남아 있는 공유된 과거를 바탕으로 아직 가능성이 남아 있는 미래를 향해 강한 공동체를 세워 나갈 수 있을 것이라 본 것이다. 그는 건축적 과거 보존이 진행되는 질서 속에서 개인의 장소를 정하게 해주기 때문에 참된 거주의 가능성을 열어두기 위해서는 우리 환경의 역사적 차원을 보존할 것을 요청한다.

그러나 이러한 비판조차도 실은 하이데거가 인간의 실존을 말하면서 동료인간과 함께 던져졌다고 말하거나 과거—현재—미래를 진정으로 묶어주는 자각적인 현존을 말한 부분에 이미 상당히 암시되어 있다.

우리 사회는 이른바 행정복합도시 건설을 둘러싼 논란의 소용돌이에서 완전히 자유롭지 못하다. 인간의 근본적인 거주와 연관되며, 따라서 종교건축과도 관련이 있는 이와 같은 논란에 대한 주목할 만한 발언이 없는 사실과 결코 무관하지 않다. 종교건축이란 건축 일반과 함께, 그 어느 것보다도 인간생활에 대한 근본적인 성찰을 요구한다. 그런 점에서 본문에서 다루어 본 "서울에서 가장 거룩한 곳"과 함께 이 부록이 이와 같은 사태를 반성하도록 하는 데 하나의 암시가 될 수 있다면, 나로서는 이를 큰 보람으로 여기고자 한다.